Peter Zimmerling

Starke fromme Frauen

Begegnungen mit Erdmuthe von Zinzendorf,
Juliane von Krüdener, Anna Schlatter,
Friederike Fliedner, Dora Rappard-Gobat,
Eva von Tiele-Winckler, Ruth von Kleist-Retzow

W0192697

BRUNNEN

VERLAG GIESSEN·BASEL

ABCteam-Bücher erscheinen in folgenden Verlagen:
Aussaat Verlag Neukirchen-Vluyn
R. Brockhaus Verlag Wuppertal und Zürich
Brunnen Verlag Gießen und Basel
Christliches Verlagshaus Stuttgart
Oncken Verlag Wuppertal und Kassel

3. Auflage 1999
© 1996 Brunnen Verlag Gießen
Umschlaggestaltung: Friedhelm Grabowski
Satz: Die Feder GmbH, Wetzlar
Herstellung: St.-Johannis-Druckerei, Lahr
ISBN 3-7655-1098-X

INHALT

5 Vorwort

9 ERDMUTHE DOROTHEA VON ZINZENDORF (1700–1756)
In der Herrnhuter Brüdergemeine wird verantwortliche
Mitarbeit der Frau in Kirche und Gesellschaft neu entdeckt

22 BARBARA JULIANE VON KRÜDENER (1764–1824)
Die große Frau der Heiligen Allianz

47 ANNA SCHLATTER (1773–1826)
Konsequente Christusnachfolge zwischen Aufklärung
und Erweckung

78 FRIEDERIKE FLIEDNER (1800–1842)
und das Amt der Diakonisse.
Die Frau auf dem Weg zum selbständigen Beruf

90 DORA RAPPARD-GOBAT (1842–1923)
Die Mutter von St. Chrischona
Aufbruch zur „Gehilfenschaft" und Kampf um
die Erhaltung der „Weiblichkeit"

101 EVA VON TIELE-WINCKLER (1866–1930)
Eine Frau als Gründerin kirchlicher Werke

120 RUTH VON KLEIST-RETZOW (1867–1945)
Die Mutter des Widerstands

149 MUT ZUM EXPERIMENT
Die Frau in Kirche und Gesellschaft auf dem Weg
ins dritte Jahrtausend

169 Anmerkungen

VORWORT

Bei der Durchsicht meiner inzwischen reichen Sammlung von Biographien nach pietistischen Frauenbildern wurde ich schnell fündig. Ich entdeckte eine Biographie über das Ehepaar Fliedner, die Initiatoren der Mutterhaus-Diakonie im 19. Jahrhundert, Lebensbilder von Dora Rappard, Eva von Tiele-Winckler und Christa von Viebahn, um nur eine kleine Auswahl zu nennen. Als ich beim älteren Pietismus des 18. Jahrhunderts nachschaute, wurden die Zeugnisse vom Wirken der Frauen geringer. Ich machte eine vollständige, sogar wissenschaftliche Biographie über Erdmuthe Dorothea von Zinzendorf ausfindig, die Frau des Gründers der Brüdergemeine. Außerdem fand ich kurze Lebensläufe von führenden Mitarbeiterinnen der Brüdergemeine und viele Äußerungen Zinzendorfs über die Rolle der Frau.

Aus dieser Zeit ist zudem eine Fülle von Briefen pietistischer Frauen an ihre geistlichen und geistigen Wegbegleiter erhalten: Z. B. die Briefe Anna Magdalena von Wurms an ihren späteren Mann August Hermann Francke oder der Briefwechsel zwischen Henriette von Gersdorf, der Großmutter und Erzieherin Zinzendorfs, und Philipp Jakob Spener, dem Vater des Pietismus, und Gottfried Leibniz, dem um 1700 bedeutendsten deutschen Philosophen.

Der ältere Pietismus hat eine reiche Tagebuch- und Briefkultur hervorgebracht. Indem die Beziehung des einzelnen zu Gott in den Mittelpunkt des Glaubens rückte, entdeckte man den Wert der Einzelpersönlichkeit mit ihrem Willen und ihren Empfindungen. Hieran besaßen Frauen einen maßgeblichen Anteil. Ihre Schreibkultur bereitete der späteren deutschen Klassik den Weg.

Auch vor dem Barockpietismus des 18. Jahrhunderts haben Frauen in der abendländischen Kirchengeschichte eine bedeutende Rolle gespielt. Die Entwicklung verlief dabei in Wellenbewegungen: Zeiten der Hochschätzung der Frau wechselten mit solchen der Zurücksetzung ab. Mit Katharina von Bora, der Frau Martin Luthers, begann die Geschichte der protestantischen Frau. Für Jahrhunderte wurde das evangelische Pfarrhaus zum Vorbild für die europäische Familie. Das Familienleben Martin Luthers kann in seiner Prägekraft für die protestantischen Völker gar nicht überschätzt werden.[1]

Die christliche Frömmigkeitsgeschichte haben selbstverständlich auch die bedeutenden katholischen Mystikerinnen des Mittelalters nachhaltig beeinflußt. 1971 wurden zwei von ihnen, Caterina von Siena und Teresa von Avila, von der katholischen Kirche zu Kirchenlehrerinnen erhoben. Manche von ihnen engagierten sich sogar im Bereich der Politik: Hildegard von Bingen, die sich nicht scheute, im 12. Jahrhundert Kaiser Barbarossa auf dessen Reichstagen eindringlich zu Frieden und Gerechtigkeit zu ermahnen, und Teresa von Avila im 16. Jahrhundert, die im aufrichtig-kritischen Briefverkehr mit Philipp II. von Spanien stand, dem mächtigsten Herrscher seiner Zeit.

Auch wenn forschende, lehrende und schreibende Frauen in der Geschichte der Kirche eine bedeutende Rolle spielten, blieb es etwas Besonderes, wenn eine Frau im Mittelalter und in der beginnenden Neuzeit an die Öffentlichkeit trat.

Eine Darstellung der Rolle der Frau im Pietismus kann nicht davon absehen, wie sich die Stellung der Frau parallel dazu in der Gesellschaft insgesamt entwickelt hat. Ich denke hier an die frühe Frauenbewegung zwischen Romantik und Revolution von 1848 und die späte, ungefähr seit der Reichsgründung von 1871. Mit dem Ende des Wilhelminischen Kaiserreiches und dem Beginn der Weimarer Republik 1918 begann der Weg zur rechtlichen Gleichstellung der Frau in Kirche und Staat, zur Gleichberechtigung, wie sie dann zumindest vom Grundgesetz der Bundesrepublik Deutschland 1949 juristisch festgelegt worden ist.

Im folgenden soll an sieben markanten Beispielen die Rolle der Frau im Pietismus aufgezeigt werden. Ich habe für den älteren Pietismus des 18. Jahrhunderts die Frauen der Brüdergemeine ausgewählt, für die Erweckungsbewegung in der ersten Hälfte des 19. Jahrhunderts Juliane von Krüdener aus dem baltischen Riga, Anna Schlatter aus St. Gallen und die Kaiserswertherin Friederike Fliedner, für die junge Gemeinschaftsbewegung um die Wende vom 19. zum 20. Jahrhundert Dora Rappard von St. Chrischona, für die spätere Eva von Tiele-Winckler und für die Bekennende Kirche Ruth von Kleist-Retzow.

Heidelberg, im Frühjahr 1996   Peter Zimmerling

Zur 3. Auflage

Der Pietismus ist in den drei Jahrhunderten seines Bestehens fast immer eine „frauenbewegte" Erscheinung gewesen. Gewöhnlich verbindet man mit dem Stichwort einer „frommen Frau" Vorstellungen wie Zurückgezogenheit, Unterordnung und Farblosigkeit. Daß christliche Frauen verantwortlich in der Gemeindeleitung mitarbeiten, ist vielen mit dem heutigen Pietismus verbundenen Menschen ein fremder Gedanke. Erstaunlicherweise haben im Gegensatz dazu viele Frauen in der Geschichte des Pietismus öffentliche Bedeutung erlangt und diesen maßgeblich mitgeprägt. Mehr noch: Die Anfänge einer kirchlichen und gesellschaftlichen Emanzipation der Frau liegen in Deutschland im älteren Pietismus. Von daher fällt noch einmal ein anderes Licht auf die Bedeutung dieser wichtigsten Frömmigkeitsbewegung im Protestantismus seit der Reformation.

Seine führenden Vertreter wie Philipp Jakob Spener (1635–1705), August Hermann Francke (1663–1727), Johann Albrecht Bengel (1697–1752), Gerhard Tersteegen (1697–1769) und Nikolaus Ludwig von Zinzendorf (1700–1760) waren jeder auf seine Weise auch Anwalt für die Frau. Dies ist heute – auch innerhalb der neueren pietistischen Bewegungen – weithin unbekannt, sollte aber nicht länger übersehen werden.

Ich bin gewiß: Die Wiederentdeckung und Aktualisierung der „Frauenbewegtheit" des älteren Pietismus würde dem heutigen Pietismus zu neuer Dynamik und größerer Bedeutung verhelfen. Dazu beizutragen, ist das nach wie vor wichtigste Anliegen des vorliegenden, nun in 3. Auflage erscheinenden Buches.

Heidelberg, im Frühjahr 1999   Dr. Peter Zimmerling

ERDMUTHE DOROTHEA VON ZINZENDORF (1700–1756)

In der Herrnhuter Brüdergemeine wird die verantwortliche Mitarbeit der Frau in Kirche und Gesellschaft neu entdeckt

Wurde die Frau im 18. Jahrhundert noch häufig als Objekt des Mannes, als Verführerin zum Bösen oder notwendiges Übel betrachtet,[1] war sie in der Brüdergemeine grundsätzlich als gleichwertig und gleichberechtigt anerkannt. Erstmals in der Geschichte des Protestantismus beteiligte sie sich aktiv am Gemeindeleben. Eine Beobachtung, die wir gleichzeitig auch bei Freikirchen – wie den Quäkern – machen können.

Die Bedeutung von Zinzendorfs Frau Erdmuthe Dorothea

Die besondere Stellung von Zinzendorfs Frau – von 1732 an war sie nach dem Kauf der Güter ihres Mannes Ortsherrschaft und damit regierende Obrigkeit von Herrnhut geworden[2] – mußte bei der starken erzieherischen Wirkung, die Zinzendorfs Familie für die Brüdergemeine hatte, auf alle anderen zurückwirken.[3] Die gräfliche Hofhaltung war eine geöffnete Familie, in der eine ständig wechselnde große Zahl von Mitgliedern der Gemeine mitarbeitete und mitlebte. Der Hof von Nikolaus und Erdmuthe von Zinzendorf entwickelte sich mehr und mehr zu einer großartigen seelsorgerlich ausgerichteten Erziehungsschule für die Mitarbeiter der Brüdergemeine.[4] Im Zusammenleben mit den beiden Zinzendorfs erhielten ehemalige Bauern und Handwerker eine geistige und religiöse Bildung, die sie weit über die Stellung eines herkömmlichen Dorfbewohners oder gräflichen Bediensteten heraushob. Der Vorbildcharakter der beiden führenden Erziehungspersönlichkeiten kann

gar nicht hoch genug eingeschätzt werden. Es war kein Wunder, daß
die Frauen der Gemeine sich nach dem Vorbild der Gräfin zu richten versuchten.

Herkunft Erdmuthes

Zinzendorfs Frau Erdmuthe war selbst eine Fürstentochter und
stammte aus einem von der pietistischen Erweckung geprägten
Elternhaus. In der frommen Schloßgemeinde der Familie Reuß-
Ebersdorf in Thüringen hatte Zinzendorf unmittelbar vor ihrem
Eheschluß wesentliche geistliche Impulse empfangen, die er später
zusammen mit seiner Frau in Herrnhut praktisch verwirklicht hat.
Im Schloß von Ebersdorf versammelte sich die gräfliche Familie als
die regierende Herrschaft zusammen mit den erweckten Hausange-
stellten und anderen Bediensteten zu regelmäßigen Andachten,
Bibelstunden und Gebetsgemeinschaften. Immer wieder bekam man
auch für längere Zeit Besuch von berühmten Männern und Frauen
aus dem radikalen Pietismus. Man erlebte hier eine Einheit von
Christen aus den verschiedensten konfessionellen Hintergründen.

Als Reichsgräfin war Erdmuthe das ständische Repräsentieren
gewohnt. Schon von ihrer gesellschaftlichen Stellung her brachte sie
die Voraussetzungen mit, verantwortlich mitzudenken und mitzu-
sprechen.

Werden und Wirken

Die Gräfin wurde in den ersten Jahrzehnten der Brüdermeine zur
wichtigsten Mitarbeiterin Zinzendorfs. Das war keineswegs selbstverständlich, auch wenn bereits im Ehekontrakt festgelegt worden
war, daß die beiden eine „Streiterehe" führen wollten. Neben herkömmlichen Regelungen von Vermögensfragen, enthielt der Kon-
trakt die Verpflichtung, der Arbeit für das Reich Gottes einen
höheren Stellenwert als dem Familienleben einzuräumen. Erdmuthe
hat diese Verpflichtung voll bejaht. Wegen des Dienstes für die Christenheit war sie grundsätzlich bereit, auf Lebensweise und Gewohn-

heiten ihres Standes zu verzichten, Spott zu ertragen und das arme Leben Jesu nachzuahmen. Das bedeutete allerdings keinen prinzipiellen Verzicht auf die Standesvorrechte.[5]

In den ersten Ehejahren wohnten die Zinzendorfs abwechselnd in Dresden und Herrnhut. Der Graf war Hof- und Justizrat unter August dem Starken, so daß sie in Dresden einen großstädtischen Haushalt führten. Aber auch in der Zeit des werdenden Herrnhut lebten sie noch im Herrenhaus ihres benachbarten Gutes Berthelsdorf. Es scheint der Gräfin nicht leicht gefallen zu sein, ihre mehr individuell geprägte Frömmigkeit zugunsten des gemeinsamen Lebens in Herrnhut mit all seinen Konsequenzen aufzugeben. Sie hat wohl auch Schwierigkeiten gehabt, sich mit Nichtadligen „gemein" zu machen. In Herrnhut redete man sich ja bald mit dem brüderlichen und schwesterlichen Du an. Zinzendorf hat sich in sehr einfühlsamer Weise darum bemüht, sie auf diese neue Situation vorzubereiten. Von einer Reise schrieb er an Erdmuthe: „Itzt lerne ich zu Fuße gehen. Innigstgeliebte ..., wie herzlich wünsche ich, Du brächest auch durch und sähest Deinem Manne ähnlich, der dann und wann einen Herrn agieren [herausstecken] muß, das meistemal aber ein armer Jünger Jesu sein kann."[6] Später werden seine Vorschläge im Hinblick auf eine einfachere Lebensgestaltung im Zusammenhang mit der Entstehung der Herrnhuter Brüdergemeine sehr konkret: „Du kannst Dich auf Hennersdorf und Dresden ... anziehen, wie Du willst. Nur in Herrnhut recht schlicht, ohne Reifrock ..., den Armen ähnlicher ... Aber zwinge Dich eben zu nichts, sondern fange ... an, eine Magd zu werden von ganzem Herzen mit den Schwestern ..., wie ich mit den Brüdern."[7] Immer wieder fordert der Graf Erdmuthe auf, auch materiell mit den armen Gemeindegliedern zu teilen: „Zu Deinem Tische bitte manchmal Schwestern. Weißt Du, daß die Goldin kein Brot gehabt hat in Pfingsten vor vier Jahren und hungrig zu Bett gegangen ist? Wenn wir ... besähen, wen wir bitten sollten, wir könnten manchmal jemand erquicken."[8]

Erdmuthe von Zinzendorf ist später tatsächlich zu einer Schwester unter Schwestern geworden. Es existiert ein Bericht, nach dem sie in den Dreißiger Jahren erstmals Gemeindegliedern bei der neu eingeführten Fußwaschung am Gründonnerstagabend die Füße gewaschen hat. Im Tagebuch der Brüdergemeine steht der einfache, aber bedeutungsschwere Satz, daß die Gräfin an diesem Tag zur „Gemein-Mama" geworden sei.

Zusammen mit der späteren zweiten Frau Zinzendorfs, Anna Nitschmann, war Erdmuthe in der Brüdergemeine an führender Stelle in der Frauenarbeit tätig. Ihre besondere Begabung muß nach den erhaltenen Zeugnissen im seelsorgerlichen Gespräch mit einzelnen gelegen haben. Vor allem aber war sie für mehrere Jahrzehnte für die Finanzverwaltung der expandierenden Gemeinde verantwortlich. Als Zinzendorf 1736 ins Exil gehen mußte, hat sie als Ortsherrschaft von Herrnhut und Berthelsdorf, dem Ursprungsort der Zinzendorfschen Güter, der Gemeine die wirtschaftliche Basis erhalten – andernfalls wären die Güter vom sächsischen Staat eingezogen worden. In dieser Zeit hat Erdmuthe notgedrungen lernen müssen, völlig selbständig zu wirtschaften. Angesichts der weit ausgreifenden Pläne Zinzendorfs war ständig das Geld knapp. Die Gräfin war bereit, größte persönliche Opfer zu bringen: z. B. hat sie ihren gesamten Schmuck – in damaliger Zeit eine Art Lebensversicherung – verkauft, um die Brüdergemein-Finanzen wieder zu stabilisieren.

Erdmuthe war auch für die niedere Gerichtsbarkeit in den Orten der eigenen Güter zuständig. Sie hat im alten Herrnhut wesentliche öffentliche Funktionen ausgeübt. Wie es im Ehe-Vertrag festgelegt war, hat sie sich im Verlauf ihrer ganzen „Streiter-Ehe" als unverzichtbare Mitarbeiterin im Einsatz für die christliche Gemeinde bewährt.

Der Höhepunkt ihres Wirkens lag während der Reise des Grafen nach Nordamerika 1741–1743. Erdmuthe war in dieser Zeit Zinzendorfs Vertreterin und hatte eine Art Generaldirektorat inne.[9] Sie trug damals nicht nur die Hauptverantwortung für die Brüdergemein-Finanzen, sondern war auch mit wichtigen Verhandlungen im Zusammenhang mit dem weiteren Weg der Brüdergemeine betraut.

Nach Zinzendorfs Rückkehr ist sie allerdings merklich in den Hintergrund getreten. Dazu trugen neben dem Abnehmen ihrer Kräfte anscheinend auch Meinungsverschiedenheiten mit ihrem Mann bei. Zinzendorf hatte sich immer gegen eine Entwicklung der Brüdergemeine zur Freikirche gewehrt. Sie sollte nach seiner Meinung Erweckungs-Ferment in den vorfindlichen Kirchen sein. Während seiner Abwesenheit in Amerika aber hatte die „Generalkonferenz" – sozusagen unter dem Vorsitz Erdmuthes – mit verschiedenen Staaten Verträge geschlossen, die eine unumkehrbare Entwicklung zur Freikirche einleiteten. Der Graf sah hier durch die eigene Frau sein Lebenswerk bedroht und hat außerordentlich heftig reagiert und nach seiner Rückkehr als erstes die „Generalkonferenz" aufgelöst.

Die Ehe von Erdmuthe und Nikolaus von Zinzendorf

Es ist viel über die Ehe von Erdmuthe und Nikolaus von Zinzendorf gemunkelt und geschrieben worden. Schon die Vorstellung der „Streiter-Ehe" zeigt, daß sie keine bürgerliche Ehe geführt haben. Man sollte sich überhaupt hüten, ein anderes Jahrhundert mit der Elle unserer Vorstellungen zu messen. Das Grafenpaar war und blieb bei aller Nähe zu den Gemeindegliedern vom Lebensgefühl des Adels geprägt. Viel eher kann man von einer Demokratisierung aristokratischer Lebensformen in der Brüdergemeine sprechen. Selbstverständlich haben sie ihre Kinder nicht selber erzogen. Es gab immer Hausangestellte, denen diese Aufgabe übertragen wurde. Trotzdem nahmen die Eltern regen Anteil am Schicksal der Kinder. Erdmuthe wurde häufig Mutter; aber nur zwei Kinder erreichten ein höheres Alter. Es war ein ungeheurer Schmerz für die Gräfin, von dem sie sich nicht mehr erholt hat, als der älteste Sohn Christian Renatus 1752 im Alter von nur 25 Jahren starb.

Schon daß beide Ehepartner sich treu blieben, war in der Welt des Hochadels im 18. Jahrhunderts bemerkenswert. Man denke nur an das Mätressenwesen am Hofe Ludwig XIV. in Versailles oder des sächsischen Landesherrn August des Starken in Dresden.

Vielleicht hat sich Zinzendorf manchmal eine weniger eigenständige Frau als Erdmuthe gewünscht. Er hat bisweilen ein Eheideal vertreten, bei dem die Frau dem Mann wie eine Tochter gegenübersteht. Erdmuthe war viel zu selbständig, um in diese Vorstellung zu passen. Sie hätte mit einer solchen Einstellung auch nie die Aufgaben in der Brüdergemeine erfüllen können, die sie kirchengeschichtlich bedeutsam werden ließen. August Spangenberg, der Nachfolger Zinzendorfs, schrieb über ihr Verhältnis: „Man kann es bei manchen Ehen als eine Schönheit ansehen, wenn der Mann soviel vorzügliches vor seiner Frau hat, daß sie sich, ohne über den Dingen selbst viel zu denken, von ihm so kann leiten und führen lassen, als ob er ihr Vater wäre. So war es aber nicht mit unserm Grafen und seiner Gemahlin. Sie war nicht dazu gemacht, eine Kopie zu sein, sondern war ein Original; und ob sie gleich ihren Gemahl von Herzen liebte und ehrte, so dachte sie doch selbst über allen Dingen mit so viel Verstand, daß er sie in dem Teil mehr als Schwester und Freundin anzusehen hatte. Er tat es wirklich, und das war auch eine Schönheit von einer andern Art."[10] Für ihre Beziehung traf zu, was Zinzendorf wie folgt ausgedrückt hat: Die Ehefrau ist Mitgenossin und Mitgehilfin. Das ist eine Sozietät, wie sie zwischen einem König und einer Königin ist, zwischen einem Fürsten und einer Fürstin.[11]

Erdmuthe ist 1756 – also mit 56 Jahren – gestorben. Der Graf hat bereits ein Jahr nach ihrem Tod ein zweites Mal geheiratet, diesmal eine bürgerliche Frau, Anna Nitschmann. Sie stammte aus dem frühen Mitarbeiterkern der Brüdergemeine. Ihre Eltern und Brüder gehörten zur ersten Welle böhmischer Emigranten auf die Güter Zinzendorfs. Anna Nitschmann war für den Grafen darum so bedeutsam, weil sie schon in sehr jungen Jahren zur Leiterin der Frauenarbeit in der Brüdergemeine geworden war. Erdmuthe und Anna haben sich natürlich gut gekannt. Es gibt sogar undeutliche Hinweise darauf, daß Erdmuthe dem Grafen selber den Vorschlag gemacht hat, Anna zu heiraten, wenn ihr einmal etwas zustoßen sollte. Sie war wohl der Überzeugung, daß er verheiratet sein mußte, um weiterhin Frauenseelsorge üben zu können.

Über diese zweite Ehe ist viel gerätselt worden. Ich denke, daß Zinzendorf sich in Anna Nitschmann geirrt hat. In ihren jungen Jahren stellte sie für ihn den Idealtypus der Frau dar. Sie war die einschmiegsame, begeisterungsfähige Tochter, die ihm die Ideen von den Augen ablas und sie dann auch verwirklichte. Bei ihrem Eheschluß war Anna jedoch im Grunde genommen gesundheitlich schon verbraucht. Sie ist bereits 12 Tage nach Zinzendorf gestorben.

Zinzendorf hat sich mehrfach höchst anerkennend über Erdmuthe geäußert. Bei ihrer Silberhochheit 1747 sagte er: „Ich habe fünfundzwanzig Jahre aus Erfahrung gelernt, daß die Gehilfin, die ich habe, die Einzige gewesen, die von allen Enden und Ecken her in meinen Beruf paßt. Wer hätte sich in meiner Familie so durchgebracht? Wer hätte vor der Welt so unanstößig gelebt? Wer hätte mir in Ablehnung der trockenen Moral so klug assistiert? . . . Wer hätte die Irrgeister, die sich von Zeit zu Zeit so gerne mit uns vermengt hätten, so tief eingesehen? . . . Wer hätte meine ganze Oekonomie [Haushaltung] so viel Jahre so wirtschaftlich und so reichlich geführt, wie es die Umstände erfordert? . . . Wer hätte einem Ehegatten solche Reisen und Proben passieren lassen? Wer hätte zu Land und See solche erstaunlichen Mitpilgerschaften übernommen und souteniert [unterstützt]?"[12] Diese Würdigung Erdmuthes ist darum besonders bemerkenswert, weil sie zeigt, daß die Gräfin auch am geistlich-theologischen Weg der Brüdergemeine entscheidenden Anteil besaß.

Zinzendorfs letzte erhaltene Würdigung seiner Frau entstand zwei Tage nach ihrem Tod 1756. Es gibt etwas von der Innigkeit ihrer persönlichen Beziehung und von der Bedeutung ihrer Arbeitsgemeinschaft wieder: „Ich war von Herzen ihr erster Untertan, davon hat sie täglich Proben gehabt. Ich habe in Polizei-, Finanz- und Ökonomischen Sachen nie etwas getan, wogegen sie einen Dissensum [andere Meinung] geäußert, und in Regimentssachen habe ich mich so nicht gemengt. Ein ordinairer [gewöhnlicher] Mann ist des Weibes Haupt, sobald sie aber einen aparten Charakter und Sache für sich selbst auf sich hat, so muß sie solche selbst verantworten. Das ist mein Prinzip. In der Welt denkt man freilich anders. Ich habe es meiner Gräfin seit 25 Jahren gesagt, daß sie der Gemeine Mutter und Fürstin wird."[13]

Ihr Grab auf dem Hutberg bei Herrnhut trägt die von Zinzendorf entworfene Inschrift:

Hier liegt
seit dem 25. Juni 1756
vor eine bestimmte Zeit
der Leichnam der Gräfin
Erdmuth Dorothea
von
Zinzendorf und Pottendorf
geborne Gräfin Reuß
Einer Fürstin Gottes unter uns
Und der Saug-Amme
der Brüder Kirche im XVIII. Seculo.
Das Blut Jesu Christi hat ihn versöhnt,
Sein Geist hat ihn bewohnt,
Und das Korn seines Leichnams verklärte ihn.
Denn er ist selbst die Auferstehung,
Das Leben war auch todt.
Sie war geboren d. 7. November 1700.
Und entschlief d. 19. Juny 1756.[14]

Eine Vielzahl von Frauenämtern

Zinzendorf hatte erkannt, daß die Seelsorge von Männern an Frauen problematisch sein kann. Darum bekamen die Frauen bereits in der Frühzeit Herrnhuts eine eigene Ämterordnung.[15]

Im Verlauf der Zeit ging bei den Herrnhutern die Frauenarbeit ganz in weibliche Hände über. Nur Zinzendorf selbst stellte eine Ausnahme dar, da er auch an Frauen Seelsorge übte. Es gab eine Fülle von Frauenämtern: das Amt der Ältestin, der Helferin, der Lehrerin, der Bandenhalterin, der Aufseherin, der Ermahnerin, der Dienerin, der Almosenpflegerin, der Krankenwärterin.[16] Dabei verkündigten und lehrten Frauen nur unter Frauen. Allerdings hatten Frauen von Anfang an Sitz und Stimme in den Gemeindeversammlungen, um die Belange der weiblichen Gemeindegruppen zu vertreten. Sie wirkten auch in den gemeindeleitenden Gremien mit. Ältestinnen- und Helferinnenamt waren die leitenden geistlich-priesterlichen Ämter unter den Schwestern. Anna Nitschmann und Zinzendorfs Frau Erdmuthe Dorothea spielten hier die entscheidende Rolle. Lehrerinnen waren verantwortlich für den Konfirmations-unterricht der Mädchen und für den Unterricht solcher Frauen, die neu in die Brüdergemeine aufgenommen werden sollten. Daneben unterrichteten sie auch die Schulmädchen im Lesen und Schreiben. Die Bandenhalterin war verantwortlich für eine seelsorgerlich geprägte Kleingruppe von Frauen, die sich regelmäßig (meist wöchentlich) traf. Aufseherinnen wachten darüber, daß die Gemein-deordnungen eingehalten wurden. Ermahnerinnen sollten Gemein-demitgliedern, die unangenehm aufgefallen waren, wieder zurechthelfen. Hier wurde mit der doppelten Bedeutung des neute-stamtlichen *parakaleo*, das zugleich „zurechtweisen" und „trö-sten" heißt, ernst gemacht. Die Dienerinnen waren zuständig für die weiblichen Gäste und Neuankömmlinge in der Brüdergemeine.

Als die Brüdergemeine in den 40er Jahren des 18. Jahrhunderts kirchlich selbständig und damit außerhalb Sachsens Freikirche geworden war, traten die Frauen noch stärker hervor. Die Gemeine hatte eigene kirchliche Ämter bekommen und von der alten Brüder-unität deren Ämterordnung übernommen. Nun gab es die dreifache Weihe zum Diakon, Presbyter und Bischof und als eine Art Vor-stufe zum geistlichen Dienst, als eine Art Hilfsprediger-Status, die Annahme der Akoluthie (Altardienst).[17] Mit Ausnahme des Bischofsamtes waren sämtliche Ämter auch Frauen zugänglich.

Der Graf lehnte die Verallgemeinerung des Satzes „Die Frau schweige in der Gemeinde" aus dem Brief des Apostels an die Gemeinde von Korinth entschieden ab.[18] Nach seiner Erkenntnis hat Paulus nur einer Nation, eben den Griechen, aufgrund bestimmter Umstände diese Anweisung gegeben. Es mag dahingestellt bleiben, ob diese Ansicht haltbar ist. Jedenfalls geht der Graf zu Recht davon aus, daß die Frau in den neutestamentlichen Gemeinden nicht zum Schweigen verurteilt war: Sie durfte öffentlich beten und weissagen. Zinzendorf verstand unter „Weissagen" in der Nachfolge der Refor-matoren die Wortverkündigung in Form der Predigt. Die Frau muß eigenverantwortlich mitarbeiten und mitreden können, wenn eine Gemeinde lebendig sein soll. Folgerichtig wurden 1758 insgesamt vierzehn Presbyterinnen oder Priesterinnen für den Bereich der Frauenarbeit ordiniert. Die Quellen lassen allerdings nicht erkennen, ob sie jemals selbständig das Abendmahl eingesetzt haben.

Bald nach Zinzendorfs Tod hat die Brüdergemeine dieses Experiment wieder eingestellt. Um im Frieden mit den evangelischen Landeskirchen leben zu können, hat man den öffentlichen Dienst der Frauen beschränkt. Was bestehen blieb, war die Mitarbeit der Frauen im Bereich der Frauenarbeit und in den Missionsgebieten – auch das bereits etwas unerhört Neues gegenüber der Gesamtkirche. Damit blieb ihnen eine Fülle von Betätigungsfeldern erhalten.

In der Brüdergemeinde wurde die Frau endgültig von ihrer Beschränkung auf Haus und Familie befreit; sie konnte ihre Gaben und Fähigkeiten im Dienst an der Gemeinschaft einbringen. Die besondere Struktur der Gemeine machte dies möglich. Zum ersten Mal im Protestantismus wurde die urchristliche Stellung und Rolle der Frau entdeckt und diese Entdeckung im Gemeindeleben auch umgesetzt.

Die hohe kirchliche und gesellschaftliche Bewertung der Frau in der Brüdergemeine zeigt, welche umwälzenden Folgen der gelebte Glaube für die Gestaltung des menschlichen Zuammenlebens haben kann. Eine kleine Schar von Menschen wurde zu einer schöpferischen Minderheit und entdeckte etwas von der Sprengkraft, die in den biblischen Aussagen über das Verhältnis von Männern und Frauen in Kirche und Gesellschaft schlummert. All das geschah Jahrzehnte vor der Französischen Revolution angesichts einer weithin männlich bestimmten Gesellschaft.

Gründe für die verantwortliche Mitarbeit der Frau

Die Begründung für die gegenüber Kirche und Gesellschaft besondere Stellung der Frau in der Brüdergemeine ist vielschichtig. Der Vorwurf der Gegner, die Brüdergemeine habe die „Gemeinschaft der Weiber" eingeführt,[19] gibt Zinzendorf immer wieder Gelegenheit, sich zu diesem Thema zu äußern. Mit diesen Äußerungen hat der Graf sehr zur verantwortlichen Mitarbeit der Frauen im Herrnhutertum beigetragen.

Einmal begründet er die religiöse Gleichberechtigung der Frau von Christus her: Die dem Menschen im Opfer Jesu geschenkte Vergebung beendet auch die religiöse Unterordnung der Frau unter den Mann. Zinzendorf versteht die Unterordnung nämlich als durch den Sündenfall hervorgerufene Strafe der Frau (1. Mose 3, 16).[20] Er hat richtig beobachtet, daß Frauen im Judentum bereits vor Christi Geburt gelegentlich herausragende heilsgeschichtliche Aufgaben erfüllt haben (z. B. Lukas 2, 36–38). Aber erst durch die Geburt Jesu Christi von einer Frau und seinen Versöhnungstod am Kreuz wurde der vom Sündenfall herrührende Ausschluß der Frau vom Priesterdienst aufgehoben (1. Petrus 2, 9).

Allerdings sind Zinzendorfs Aussagen auch im Hinblick auf das Verhältnis von Mann und Frau nicht einheitlich. Bisweilen spricht er von der bleibenden Unterordnung der Frau unter den Mann. Nach Epheser 5, 23 ff ist das Verhältnis von Mann und Frau Abbild für das Verhältnis Christi und seiner Braut, der Gemeinde:[21] Der Mann ist das Haupt der Frau, wie Christus das Haupt der Gemeinde ist. Daraus folgt, daß der Mann seine Frau so lieben soll, wie Christus die Gemeinde geliebt hat.

Je älter er wird, desto mehr tendiert Zinzendorf zu einer Gleichstellung der Frauen mit ihren Männern: „Bei Leuten, die Schüler der Gnade sind, ist der Mann das Haupt der Familie auf eine ganz besondere Art, und seine Frau ist seine Mitgenossin und Mitgehilfin. Das ist eine Sozietät, wie sie zwischen einem König und einer Königin ist, zwischen einem Fürsten und einer Fürstin, da die Frau zwar die oberste und vornehmste Untertanin des Mannes ist und also sowohl als der Sohn und der Knecht untertan, aber in einem ganz anderen Grad, in einer ganz anderen Consideration [= Sinne], so daß, wenn sie nicht widerspenstig, dem Manne nicht entgegen ist, in ihrem Gemüt ihm nicht abgeneigt ist, so kommt der Casus [= Fall] der Untertänigkeit, daß man von ihr ein Homagium [= Unterwerfung] fordert, im ganzen Leben nicht vor, und wenn er ja einmal vorkommt, so ist es zu einer Stunde, da man aus Bitterkeit und Verdruß anfängt, vom Recht zu reden."[22]

Deutlich spürt man hinter diesen Sätzen Zinzendorfs aristokratisches Lebensgefühl. Sie sind eine der eindrücklichsten Belegstellen dafür, daß es in der Brüdergemeine aufgrund des Evangeliums zu einer Demokratisierung aristokratischer Lebensformen und in deren Gefolge zu einer gesellschaftlichen und kirchlichen Gleichstellung der Frau gekommen ist.

Auch die Zinzendorf eigentümlichen Gedanken zur Dreieinigkeit Gottes unterstützten die Tendenz zu einer Gleichstellung von Mann und Frau.[23] Die herkömmliche theologische Rede von Vater, Sohn und Heiligem Geist übersetzt der Graf in das Bild der göttlichen Familie von Vater, Sohn und Mutter. Auf diese Weise wird die gläubige Familie von Vater, Mutter und Kind zum Abbild der Trinität. Bei Zinzendorfs Abneigung gegen jede Unterordnung innerhalb der Dreieinigkeit mußte sich die Gleichheit der trinitarischen Personen – von Vater, Sohn und Mutter – notwendigerweise auf die Gleichstellung von Mann und Frau in Familie und Gemeinde auswirken.

Der Graf begründete mit seiner Erkenntnis des Mutteramtes des Heiligen Geistes die besondere Rolle der Frau in der Gemeine. Dabei bemühte er sich, mit Hilfe des Mutterbegriffs biblische Aussagen zu veranschaulichen, die Gott auch weibliche Eigenschaften zuschreiben (vgl. bes. Jesaja 49, 14 ff; 66, 13; Johannes 3, bes. 5 f). Er erkennt richtig, daß der christliche Vatergott für die Bibel kein „maskulines Prinzip" ist.[24] Folgerichtig redet er im Zusammenhang mit der Dreieinigkeit von Gottes Mütterlichkeit: Gott-Sohn ist für ihn nur dort, wo Gott-Vater und Gott-Mutter sind. Paul Schütz spricht von Zinzendorf als dem „einsamen Erinnerer an die mütterliche Person in Gott in der nachreformatorischen Zeit".[25]

Leider konnte er zur damaligen Zeit nicht auf die Schultheologie und damit auf die Gesamtkirche einwirken, sondern erfuhr gerade an dieser Stelle heftigen und erbitterten Widerstand. Dieser Widerspruch ist verständlich, weil die Rede vom Mutteramt des Heiligen Geistes mißverständlich bleibt. Mißverständlich ist vor allem die Konzentration des „weiblichen Elements" auf eine einzige trinitarische Person. Vom biblischen Zeugnis her ist es die Trinität als Ganzes, die väterliche und mütterliche Züge trägt (vgl. etwa Matthäus 23, 37 im Hinblick auf die Mütterlichkeit Jesu). Andeutungsweise berücksichtigt Zinzendorf das, wenn er vom Heiligen Geist als Gebärer und Erzeuger spricht. Wäre dies von ihm deutlicher zum

Ausdruck gebracht worden, hätten sich viele sexistische Deutungen, die seine Rede von der göttlichen Familie als Vater, Mutter und Sohn hervorriefen, erübrigt.

Weiterführende Literatur

Erich Beyreuther, Die große Zinzendorf-Trilogie, Marburg 1988; Peter Zimmerling, Nachfolge lernen. Zinzendorf und das Leben der Brüdergemeine, Moers 1990.

BARBARA JULIANE VON KRÜDENER
(1764–1824)

Die große Frau der Heiligen Allianz

Barbara Juliane von Krüdener gehört zu den interessantesten und gleichzeitig umstrittensten Frauen der neueren Kirchengeschichte. Das bezeugt eine Fülle von Literatur, die sich mit ihr beschäftigt. Das zeigen auch schon die kontroversen Beurteilungen ihrer Zeitgenossen. Mindestens fünf Biographien sind auf deutsch von ihr erschienen, sechs auf französisch, jeweils eine auf schwedisch, englisch, russisch und amerikanisch. 1939 veröffentlichte Ernest John Knapton sogar eine wissenschaftliche Biographie: „The Lady of the Holy Alliance. The Life of Julie de Krüdener."[1]

Juliane von Krüdener ist sicherlich die schillerndste Gestalt der Erweckungsbewegung, die im Zug der napoleonischen Eroberung Europas und der sich anschließenden Befreiungskriege Europa im ersten Drittel des 19. Jahrhunderts erfaßte. Der Kirchengeschichtler Erich Beyreuther versucht – m. E. zu Recht – das Wesen der frühen Erweckungsbewegung von der Romantik her zu erfassen. In deren Liebe zu allem Unmittelbaren und Genialischen, Konkreten und Individuellen bildet sie einen starken Gegenpol zum rationalistisch geprägten Aufklärungs-Zeitalter. Beyreuther schreibt: „Um den Preis dieser letzten Originalität nahm man selbst das Exzentrische durchaus mit in Kauf. Darauf beruhte mit die Wirkung der exzentrischen Baltin, der Baronin Juliane von Krüdener (1764–1824), einer Jüngerin Jung-Stillings, Typ einer revolutionären Romantik, die einen neuen Stil suchte und bei der doch alles stillos wurde. Und doch wurde diese vormals selbstsüchtig-egozentrische Mondäne nach ihrem Lebensumbruch vielen Zeitgenossen zum Anstoß einer Glaubensentscheidung ..."[2] Wir werden sehen, daß dieses Urteil noch präzisiert und modifiziert werden muß.

Zum Lebenslauf

Barbara Juliane von Krüdener, geb. v. Vietinghoff, wurde am 11. 11. 1764 in Riga geboren. Lettland – oder Livland, wie man damals sagte – gehörte zu dieser Zeit bereits seit mehreren Jahrzehnten zum russischen Reich. Die Wurzeln der Familie Juliane von Krüdeners reichen bis ins 14. Jahrhundert, in dem sie führende Positionen im alten Staat des Schwertritterordens innehatten. Beide Eltern gehörten der alten deutschen Aristokratie an, die im Baltikum nicht nur die Oberschicht bildete, sondern seit der Eroberung der baltischen Provinzen durch Peter den Großen auch führende Ämter im russischen Staatsdienst bekleidete. Ihr Urgroßvater mütterlicherseits – Burkhard Christoph von Münnich – war unter Katharina I. und Anna Iwanowna zum Feldmarschall und Ersten Minister Rußlands aufgestiegen, bevor er durch Elisabeth I. zu zwanzig Jahren Haft in Sibirien verurteilt wurde. Erst Zar Peter III. rief den 79jährigen 1762 – zwei Jahre vor der Geburt Julianes – nach St. Petersburg zurück.[3] Juliane von Krüdeners Vater spielte in Riga im gesellschaftlichen Leben als Senator und Fabrikant eine führende Rolle. So ließ er in seiner Heimatstadt auf eigene Kosten ein Theater bauen und war Vorsteher der neugegründeten Freimaurerloge in dieser Stadt.

Charakteristisch für das Leben der Baltendeutschen war ihre Brückenfunktion zwischen Okzident und Orient. Die baltischen Provinzen des russischen Reiches bildeten dessen Fenster nach Europa. Man sprach Deutsch, Französisch und Russisch. Die Kultur war kosmopolitisch. Dennoch war die Mutter Julianes fest im baltischen Luthertum verwurzelt.

Zusammen mit ihren Brüdern erhielt Juliane eine hervorragende Erziehung, zu der eine gediegene geisteswissenschaftliche Ausbildung gehörte. Sehr früh lernte sie neben Deutsch auch Französisch. Sie las Latein und wurde in die moderne französische Literatur eingeführt, die zu dieser Zeit im Baltikum eine führende Rolle spielte.

Mit ihren Brüdern und Eltern unternahm sie bereits als Jugendliche eine Bildungsreise nach Westeuropa, wo besonders England und Frankreich bei ihr starke Eindrücke hinterließen. Durch ihre Heirat als noch nicht ganz 18jährige mit einem um zwanzig Jahre älteren russischen Diplomaten wurde sie in die High Society eingeführt. Ihr

Mann – Burchhard Alexis Konstantin von Krüdener – war kurz vorher von Kaiserin Katharina II. zum Minister von Kurland mit Sitz in Mitau ernannt worden. Als Mitgift hatte der Vater ihr das Gut Kosse mit tausend Leibeigenen vererbt, das vor allem in späteren Jahren eine wichtige wirtschaftliche Basis ihres Unterhalts darstellte. Kurz nach der Heirat 1783 begleitete Juliane den späteren Zaren Paul bei dessen Besuch in Kurland. Ihr bald darauf geborener erster Sohn erhielt deswegen den Namen Paul. Von Herkunft, Erziehung und Vermählung her war es für Juliane nichts Außergewöhnliches, mit gekrönten Häuptern Europas in Kontakt zu stehen. Ihre männlichen Familienangehörigen gehörten mit zur regierenden Schicht Europas. Es war folgerichtig, daß sie später zunächst in diesem Kreis ihrer neuen Berufung nachkam, Menschen in die Nachfolge Jesu zu rufen.

1785 wurde ihr Mann zum russischen Gesandten (Botschafter) von Venedig ernannt, zwei Jahre später zum Gesandten in Kopenhagen. Das Leben des Gesandten und seiner Frau war angefüllt mit öffentlichen Verpflichtungen. Auf allabendlichen Gesellschaften knüpfte man politische Kontakte und brachte diplomatische Vorgänge auf den Weg.

Das bisher geordnete Leben Frau von Krüdeners wurde offensichtlich durch einen Mitarbeiter ihres Mannes, der sich leidenschaftlich in sie verliebt hatte, aus der vorgeprägten Lebensbahn geworfen. Dieser hatte in einem Brief ihrem Mann seine Liebe offenbart und um seine Entlassung aus dem diplomatischen Dienst gebeten. Konstantin von Krüdener gab diesen Brief seiner Frau zu lesen, wodurch diese emotional in höchste Aufregung versetzt wurde. Daraus entstand eine psychosomatische Erkrankung, die mit einer Kur in Südfrankreich behoben werden sollte. Von dort aus reiste Frau von Krüdener nach Paris weiter. Geistig aufgeschlossen, befaßte sie sich dort mit der zeitgenössischen französischen Literatur. Daneben vergnügte sie sich in den Pariser Salons und genoß die Natur, die Jean-Jacques Rousseau das vornehme Europa sehen gelehrt hatte. In Frankreich gestand ihr ein attraktiver junger Offizier seine Liebe, woraus trotz anfänglicher Ablehnung ein Verhältnis wurde. Bei ihrer Rückkehr nach Kopenhagen – in ihrer Begleitung befand sich als Leibwächter getarnt dieser Offizier –

erbat sie die Scheidung von ihrem Mann, die dieser jedoch verweigerte. Daraufhin kehrte sie nach Riga zurück, wo sie im Hause ihrer Eltern vorübergehend zur Ruhe kam. Danach führte sie bis zum Tod Ihres Mannes 1802 ein unruhiges Leben, das sie immer wieder für längere Zeit auch nach Frankreich führte.

Ihr Mann war zwischenzeitlich russischer Gesandter in Berlin geworden. Trotz seiner dringenden Bitten, zu ihrer Familie zurückzukehren, zog sie weiterhin das gesellschaftliche Leben in der Schweiz (in Lausanne) wie auch in Paris vor. Sie verkehrte u. a. mit Madame de Stael (1766–1817), der damals führenden französischen Schriftstellerin und frühen Feministin. Juliane von Krüdener wurde für einen von ihr aufgeführten mimischen Tanz, den sogenannten Shawltanz, bewundert. Frau von Stael schrieb: „Niemals haben Grazie und Schönheit auf eine zahlreiche Gesellschaft eine außerordentlichere Wirkung hervorgebracht." Neben Madame de Stael verkehrte sie vor allem mit dem Staatsmann und Dichter Chateaubriand (1768–1848). Sowohl Madame de Stael als auch Chateaubriand verhalfen der Romantik in Frankreich zum Durchbruch. Juliane von Krüdener stand durch beide nicht nur im Mittelpunkt des gesellschaftlichen Lebens, sondern nahm zugleich an herausragender Stelle am literarischen Geschehen in der französischen Hauptstadt teil.

Ihr Roman „Valérie", 1803 auf Französisch erschienen, hatte nicht nur in Frankreich außerordentlichen Erfolg, sondern auch in Deutschland. Bereits ein Jahr später erschien eine deutsche Übersetzung. Ganz im Stil der herrschenden Romantik mit ihrer Betonung des Gefühls flocht Juliane von Krüdener biographische Züge in den Roman ein. Valérie besitzt große Ähnlichkeit mit ihr selbst. Gustav ist offensichtlich jener russische Mitarbeiter ihres Mannes namens Stakieff, der seine Leidenschaft für sie zurückgehalten hatte. Der Graf, der Gustav als seinen Adoptivsohn bei sich hat, scheint Konstantin von Krüdener selbst abzubilden. Der Roman erzählt die Geschichte der wachsenden leidenschaftlichen Liebe des Pflegesohnes zu der Frau seines Pflegevaters. Durch die Leidenschaft verzehrt sich das junge Leben Gustavs.

Wie Goethes „Leiden des jungen Werther" ist der Roman in Briefform verfaßt, die Gustav an einen Freund in seiner schwedischen Heimat schreibt. Stärken des Romans sind neben der Darstellung der Gefühle der beteiligten Personen seine Naturschilderungen, die im Stil der Romantik das innere Gefühlsleben widerspiegeln bzw. kontrastieren. Der Roman ist dem Persönlichkeitskult der Romantik verpflichtet und soll seine Autorin als Schriftstellerin verherrlichen. Gleichwohl kündigen sich im Roman bereits Elemente ihres späteren, von der Erweckungsbewegung geprägten christlichen Glaubens an.

Das ist insofern verständlich, als die Erweckungsbewegung – wie bereits angedeutet – in vielfältiger Hinsicht aus der Gemütslage der Romantik gespeist wurde. Dazu gehört im Roman die Betrachtung der himmlischen Welt, die mit der Liebe gleichgesetzt wird, eine Verehrung der Geheimnisse der christlichen Religion und ein Hang zum kontemplativen Leben.

Da Napoleon mit ihrem Roman nichts anfangen konnte, kehrte sie aus verletztem Stolz 1804 zu ihrer noch lebenden Mutter nach Riga zurück. Geplagt von Langeweile, begann sie um Geld zu spielen. Gleichzeitig milderte sie aber auf ihrem Gut Kosse soziale Härten ihrer Untergebenen.

Für ihr weiteres Leben wurde ihre Bekehrung im Herbst 1804 entscheidend. Sehr wahrscheinlich haben dazu zwei Begebenheiten beigetragen.

Eines Tages beobachtete sie, wie ein ihr bekannter Adliger, der gerade an ihrem Fenster vorüberging, vom Schlag getroffen zu Boden fiel und starb. Von Todesangst erfaßt, erschrak sie über die Vergeblichkeit ihres bisherigen Lebens.

Etwa zur selben Zeit wollte sie sich bei einem Schuhmacher neue Schuhe anfertigen lassen. Auf ihre Frage, ob er glücklich sei, antwortete dieser: „Ich bin der Glücklichste aller Menschen." Dies ließ ihr keine Ruhe mehr, bis sie schließlich den Schuhmacher aufsuchte. Dieser war Mitglied der Brüdergemeine, die in den baltischen Staaten seit dem Wirken Zinzendorfs in den 30er und 40er Jahren des 18. Jahrhunderts tiefe Wurzeln geschlagen hatte. Durch diesen einfachen Schuhmacher hörte die baltische Aristokratin die Botschaft von der Liebe Gottes, die in Jesus Christus erschienen ist. An die Stelle eines fernen, zornigen Gottes trat der menschenfreundliche Gottessohn.

Fortan wurde die Weitergabe dieser Botschaft zu ihrem bestimmenden Lebensinhalt. Sie tat das zunächst in Briefen an ihre Freunde und im Salon der Mutter in Riga. Bei der Teilnahme an den Versammlungen und Gebetsstunden der Brüdergemeine erlebte sie Gemeinschaft mit gleichgesinnten Christen. Nachdem sie ihre finanziellen Verhältnisse geregelt hatte – ein Zeichen für die Echtheit ihrer Bekehrung –, nahm sie ihr früheres Reiseleben wieder auf und wurde zur Evangelistin der oberen Gesellschaftsschicht.

In Königsberg kam sie in Verbindung mit Königin Luise, die nach der Niederlage Preußens gegen Napoleon im Herbst 1806 dorthin geflohen war. Beide widmeten sich aus christlicher Verantwortung heraus der Pflege verwundeter Soldaten.

Von Königsberg aus reiste Juliane von Krüdener nach Südwestdeutschland, um in Karlsruhe Jung-Stilling zu treffen. Unterwegs besuchte sie in Sachsen die Brüdergemeinen Kleinwelka, Herrnhut und Berthelsdorf. Johann Heinrich Jung-Stilling (1740–1817) gehörte zu den großen Anregern der Erweckungsbewegung. Geistesgeschichtlich war er noch ein Mann der Sturm- und Drangzeit, zunächst auch mit Goethe befreundet. In einer vom Rationalismus geprägten kirchlichen Szene verkündete er als einer der ersten neu das persönliche Eingreifen Gottes in das menschliche Leben, d. h. ein Leben unter dem geöffneten Himmel Gottes. Der erste Band seiner Lebensgeschichte wurde 1777 unter dem Titel „Heinrich Stillings Jugend" von Goethe veröffentlicht. Jung-Stilling bezeugt darin die persönliche Führung Gottes in seinem Leben. Folge dieser Erfahrung war seine Sehnsucht nach Gemeinschaft mit Gott und anderen Christen.[4]

Juliane von Krüdener nahm am Familienleben Jung-Stillings teil und wurde seine begeisterte Schülerin. Nach einem ersten Besuch bei den pietistischen Kreisen Württembergs kehrte sie nach Karlsruhe zurück, um sich der Pflege der Armen zu widmen. In dieser Zeit kam sie in Verbindung mit Pfarrer Friedrich Fontaine in St. Marien (aux Mines). Dieser war beeinflußt von einer Bäuerin, Marie Kummer, die anscheinend durch eine Prophetie Juliane von Krüdener zur Bußpredigerin Europas berufen hat. Mehrere Jahre lang ist Juliane von Krüdener mit Friedrich Fontaine und Marie Kummer durch Westeuropa gereist. Inhalt ihrer Botschaft war der Aufruf zur

Bekehrung des einzelnen und der Völker vor der unmittelbar bevorstehenden Wiederkunft Jesu Christi.

Anfang 1809 erwarb Frau von Krüdener in Honigheim/Württemberg ein Gut, um dort eine christliche Kolonie zu gründen. Dies war nichts Ungewöhnliches, weil wenige Jahre zuvor – 1806 – die Kolonie Königsfeld der Brüdergemeine im Schwarzwald errichtet worden war. Der Versuch Juliane von Krüdeners jedoch mißlang. Sie mußte auf Grund einer Verfügung des württembergischen Königs das Land verlassen. Zurückgekehrt nach Riga, starb im Januar 1810 ihre Mutter.

Durch einen Briefwechsel kam sie in Kontakt mit der Gesellschafterin der Königin von Holland, Hortensie von Beauharnais, und bemühte sich, sie mit dem Evangelium bekannt zu machen.

Die folgenden Jahre waren geprägt von Reisen in Südwestdeutschland und der Schweiz. Immer wieder gelang es ihr, durch persönliche Evangelisation wichtige öffentliche Persönlichkeiten anzusprechen, z. B. den Präfekten von Straßburg, Graf Lezay-Marnesia.

Die damalige politische Situation bestimmten diplomatische und kriegerische Verwicklungen im Gefolge der Eroberung Europas durch Napoleon. 1812 hatte sich die Katastrophe der „Großen Armee" Napoleons in Rußland ereignet. Alexander I., der russische Zar, ließ sich davon überzeugen, daß seine Aufgabe noch nicht mit der Vernichtung der großen Armee, sondern erst mit dem Sturz Napoleons erfüllt war. Durch Vermittlung des Freiherrn von Stein schlossen Rußland und Preußen im Februar 1813 ein Bündnis gegen Napoleon. Nach zwei Siegen über Russen und Preußen wurde Napoleon schließlich in der Völkerschlacht bei Leipzig 1813 von den vereinigten europäischen Mächten besiegt. Er mußte sich zurückziehen und 1814 abdanken.

Während des Wiener Kongresses (September 1814 bis Juni 1815) kehrte Napoleon noch einmal von seinem Verbannungsort Elba zurück. Zar Alexander I. zog daraufhin mit seinem Heer von Wien über Heilbronn und Heidelberg Richtung Holland. In dieser Zeit großer politischer Ungewißheit begegnete er Juliane von Krüdener. Durch eine Hofdame der Gemahlin Alexanders, Roxandra Stourdza, die eine Freundin Jung-Stillings war, hatte Alexander bereits während des Wiener Kongresses von Juliane von Krüdener gehört und war lebhaft an einer Begegnung mit ihr interessiert. Diese hatte ihm prophetisch die große Aufgabe zugewiesen, die Völker Europas vor der Wiederkunft Jesu Christi zur Buße und zum Glauben an den Auferstandenen zu führen. Entscheidend bei ihrer Begegnung in der Nähe von Heilbronn wurde aber die Botschaft Frau von Krüdeners an den Kaiser von der vergebenden Liebe Jesu Christi, die ihm als Mensch ganz persönlich galt. Alexander hat in den folgenden Wochen regelmäßig die Bibelgesprächsstunden besucht, die in der Nähe Heidelbergs stattfanden. Dorthin war das Hauptquartier der russischen Armee verlegt worden. Man betete während dieser Zusammenkünfte sogar auf den Knien.

Auf Wunsch Alexanders folgte Juliane von Krüdener ihm nach Paris, nachdem Napoleon bei Waterloo 1815 endgültig besiegt worden war. In dieser Zeit scheint Frau von Krüdener den Zaren zu besonderer Milde gegen Frankreich aus christlicher Feindesliebe heraus beeinflußt zu haben.

Damals entstand auf Initiative des Zaren die Heilige Allianz, die ohne den unmittelbaren Einfluß Frau von Krüdeners auf Alexander nicht zu denken ist. In diesem Bündnis verpflichteten sich die Herrscher von Rußland, Österreich und Preußen zur Aufrichtung und Erhaltung einer christlichen Ordnung in Europa. „Ich wünschte, sagte er [Alexander], daß der Kaiser von Österreich und der König von Preußen sich mit mir in diesem Amt der Anbetung vereinigen, damit man uns, wie die Weisen aus dem Morgenlande, die oberste Herrschaft Gottes, des Heilandes, anerkennen sehe."[5]

In den folgenden Jahren findet man Juliane von Krüdener als Bußpredigerin und Evangelistin in der Schweiz und in Südwestdeutschland. Aufgrund ihrer vom Evangelium her begründeten Anklage der sozialen Zustände, so in Basel und anderen Schweizer Kantonen, wird sie immer wieder von den Behörden ausgewiesen. Zweifellos hat sie durch ihre Verkündigung – neben dem Anstoß zu persönlichen Glaubensentscheidungen – vor allem im europäischen Notjahr 1817 mit seinen großen Hungersnöten unzählige Wohlhabende zu großer Mildtätigkeit veranlaßt. Ohne sie wäre die Gründung vieler Werke der Inneren Mission – unserer Diakonie – schwerlich in Gang gekommen.[6]

Man kann sich die Situation Juliane von Krüdeners gar nicht drastisch genug vor Augen stellen: Ihr Sohn war mittlerweile russischer

Gesandter in Bern; ihr Schwiegersohn, der frühere Innenminister in Karlsruhe, begleitete sie auf ihren Evangelisationsreisen, bei denen sie auch Kranke heilte. Trotz dieser besonderen Verbindungen wurde sie schließlich aus den deutschen Staaten ausgewiesen, weil die Behörden ihre Predigten als aufrührerisch betrachteten. Daraufhin kehrte sie nach Livland auf ihr Gut Kosse zurück.

Auch Zar Alexander verbat sich einen neuen Kontakt mit ihr, als sie ihm schrieb, daß er zum Sieger über das Osmanische Reich berufen sei. Alexander hatte sich inzwischen zu einem streng orthodoxen Glauben bekehrt. Darum entließ er den von der Erweckungsbewegung beeinflußten Kultusminister Fürst Galitzin und schränkte die gerade gegründete Russische Bibelgesellschaft in ihrem Wirken ein.

Juliane von Krüdener starb am 25. 12. 1824 auf der Krim in Karasu-Bazar. Dorthin hatte sie sich mit ihrer Freundin Fürstin Galitzin und mehr als hundert Siedlern aus Westeuropa aufgemacht, um auf dem Gut der Fürstin in Korais eine neue geistliche Siedlung zu gründen.

Immer wieder hatte Juliane von Krüdener in den vergangenen Jahren darüber gepredigt, in den Osten zu ziehen, um dort die Wiederkunft Jesu Christi zu erwarten. Sowohl Johann Albrecht Bengel, der Vater des württembergischen Pietismus, wie auch Jung-Stilling hatten ähnliche Gedanken geäußert. Auf Grund solcher Vorstellungen wurde zur gleichen Zeit eine Siedlung württembergischer Bauern und Handwerker in Haifa in Palästina gegründet. Man wollte auch hier den wiederkommenden Herrn erwarten.

Kurz vor ihrem Tod schrieb Baronin von Krüdener an ihren Sohn in der Schweiz: „Was ich Gutes getan habe, wird bleiben: was ich Böses getan (denn wie oft habe ich nicht für Gottes Stimme genommen, was die Frucht meiner Einbildung und meines Stolzes war), das wird die Barmherzigkeit meines Gottes auslöschen. Ich habe Gott und den Menschen nichts als meine zahlreichen Ungerechtigkeiten darzubieten, aber das Blut Jesu Christi reinigt mich von allen Sünden."[7]

Romantisch eingefärbte Frömmigkeit

Die frühe Erweckungsbewegung war stark von der romantischen Auffassung des besonderen Wertes der einzelnen Persönlichkeit geprägt, von der Überzeugung der ewigen göttlichen Liebe und der Neuentdeckung der unsichtbaren Welt. Obwohl ökumenisch ausgerichtet, hat sie eine ausgesprochene Vorliebe für die katholische Frömmigkeit entwickelt, die sie als wesentlich mystisch geprägt betrachtete. Erst später hat sie sich in konfessionell ausgerichtete Zweige aufgeteilt.

Das Evangelium der Liebe

Juliane von Krüdener glaubte mit der frühen Erweckungsbewegung, daß im Zeitalter der Aufklärung und des Rationalismus die ursprüngliche christliche Religion nur unvollständig begriffen worden war: „Ich fühlte, wie die Religion überall entstellt worden."[8] Der Unterschied ihrer Verkündigung gegenüber der vorherrschenden Lehre der Aufklärung, daß das Christentum primär Moral sei, war die persönliche Erfahrung von der Vergebung der Schuld durch den auferstandenen Jesus von Nazareth.[9] In ihrem Buch „Der Einsiedler" hat sie deutlich den Gegensatz zwischen der vom Rationalismus geprägten Frömmigkeit der Aufklärung und der Frömmigkeit der Romantik zum Ausdruck gebracht. Sie schreibt darin, daß die Vernunft kalt und beschränkt sei; über sie führe darum kein Weg zu Gott.[10] Gott sei nicht dem Stolz, sondern allein der Liebe zugänglich. Um Gott zu erfahren, müsse man von neuem wie ein Kind werden. Hier schwingt natürlich Rousseaus Ideal der Natürlichkeit und Kindlichkeit mit.

An anderer Stelle im „Einsiedler" heißt es: „Kommt zu mir, ihr alle, die ihr belastet seid, ich will euch eure Schmerzen abnehmen. Diese Worte der Liebe, der grenzenlosen Zärtlichkeit rührten und trösteten meine Seele."[11] Juliane von Krüdener interpretiert hier den berühmten Heilandsruf aus dem Matthäusevangelium (11, 28 ff) in typisch romantischer Weise als Liebeserklärung Jesu Christi an die Menschen. Dabei fällt ein gewisser Zug zur Sentimentalität auf („grenzenlose Zärtlichkeit"), der den ursprünglichen Worten Jesu fremd ist. Der Heilandsruf geht ja noch weiter und fordert dazu auf, auch das Joch Jesu Christi auf sich zu nehmen.

Zentrum des christlichen Glaubens ist also die Erkenntnis eines liebenden Versöhners: „... Gott hatte einen Strahl des lebendigen

Glaubens in mein Herz gesenkt und der Gott der Christen und des Weltalls war in meinem Gemüthe eingekehrt. Liebend war er ja auch für mich am Kreuze gestorben; ich fühlte, daß mir vergeben sei."[12] Die Beschreibung der Bekehrung Juliane von Krüdeners ist deutlich romantisch eingefärbt. Die Gewißheit, mit Gott versöhnt zu sein, wird dem Menschen durch das Gefühl zuteil. Der damals führende Theologe Friedrich Schleiermacher hatte das Gefühl als den zum Menschsein wesentlich dazugehörenden Bereich der Religion beschrieben und damit die geistige Grundlage für die liberale Theologie geschaffen.

Von einer solchen Systematisierung ist Juliane von Krüdener allerdings weit entfernt. Ihre Frömmigkeit ist geprägt vom Herrnhutertum, dessen Auffassung von der Versöhnung, von der Vergebung der Schuld durch das Opfer Jesu Christi am Kreuz sie sich zu eigen gemacht hat.

Die kontemplative Spiritualität

Es läßt aufmerken, daß Juliane von Krüdener im „Einsiedler" eine Bekehrungsgeschichte am Beispiel eines Eremiten erzählt. Dabei mag ihre Herkunft aus dem Baltikum eine Rolle gespielt haben, wo man von den russischen geistlichen Vätern, den Starzen, aus den Einöden des Landes gewußt hat. Diese Starzen haben Tausende von russisch-orthodoxen Christen zu einem lebendigen Glauben geführt.

Im Hintergrund der kontemplativen Frömmigkeit Frau von Krüdeners steht die Geisteshaltung der Romantik. Man entdeckte neu den Wert der Stille und Abgeschiedenheit. Die Natur wurde zum hervorragenden Ort der Gottesbegegnung. Man meinte, damit auf den Spuren der altkirchlichen Asketen und Eremiten zu wandeln. Allerdings unterschied sich das Naturideal der Romantik sehr deutlich vom Naturverständnis der altkirchlichen Asketen. Wurde die Natur in der Romantik zum Bild für die Größe und Allmacht Gottes, war sie bei den frühen Asketen Ort des Kampfes gegen Dämonen und feindliche Lebensbedingungen.

Juliane von Krüdeners Frömmigkeit hatte einen ausgeprägt mystischen Zug. Sie las regelmäßig in den Schriften Teresa von

Avilas, Madame Guyons und Fénelons. Darin fand sie nicht nur Anleitung zur Kontemplation, sondern auch zur Übung der selbstlosen Liebe.[13] Überhaupt kann man die Bedeutung der spanischen und französischen Mystik für den beginnenden Pietismus und für die durch ihn befruchtete Erweckungsbewegung gar nicht hoch genug einschätzen.

Der Tagesablauf Frau von Krüdeners wurde – ganz klösterlich – durch regelmäßige Gebetszeiten eingeteilt. Auch nach ihrer Bekehrung ist sie nie alleine gereist. Immer befand sich eine Schar von Menschen in ihrer Begleitung, mit denen sie predigend, prophezeiend, heilend durch die Lande zog und sozial tätig war. Dabei bildete sie mit ihrer Begleitung eine Art wandernde Gemeinde (vielleicht nach dem Vorbild von Zinzendorfs berühmter Pilgergemeine). 1815 verbrachte sie den Frühling in Baden-Baden. Es ist überliefert, daß sie alle drei Stunden ihre Beschäftigung unterbrachen und zu einer Gebetszeit zusammenkamen.[14] Das gleiche galt für das Leben an anderen Orten und auch auf ihren eigenen Gütern.

Die ökumenische Gesinnung

Mit der frühen Erweckungsbewegung teilte Juliane von Krüdener eine Geringschätzung der Unterschiede zwischen den einzelnen Konfessionen. Die Erfahrung der persönlichen Hinwendung zum auferstandenen Christus ließ die konfessionellen Besonderheiten zurücktreten. In der Vorrede zum „Einsiedler" wird ein Zeitungsartikel über die ökumenische Gesinnung Juliane von Krüdeners zustimmend zitiert: „Frau von Krüdener, erzählte damals ein Schaffhausner Blatt, huldigt keiner der bestehenden Sekten, selbst jener der Herrnhuther nicht. Ihre Ansichten, die am Schlusse auf Vereinigung aller Religionssocietäten hinzielen, sind aus den wesentlichen Bestandtheilen aller christlichen Konfessionen zusammengesetzt; daher auch Leute von allen Konfessionen zu ihr wallfahrten, und von ihr befriedigt wegziehen."[15] In einem Brief von 1811 an Pfarrer Fontaine meinte sie, daß alle, die auf die unsichtbare Kirche schauen, überall Christen finden werden, weil Gott überall seine Kinder hat – sowohl unter Katholiken wie auch unter Protestanten.[16]

Später hat man Juliane von Krüdener diese ökumenische Haltung vorgeworfen und als mangelhaftes Christsein kritisiert. So dachte man jedoch erst, nachdem sich die Erweckungsbewegung konfessionalistisch ausgerichtet hatte. Den Anfang bildete ein ökumenischer Impuls, der alle Konfessionen erfaßte. Wir werden dem gleichen Phänomen noch bei Anna Schlatter begegnen.

Auf der Grenze zur Schwärmerei

Bereits zu ihren Lebzeiten ist Juliane von Krüdener wegen verschiedener Sonderlehren heftig angegriffen worden. Dazu gehörte ihre Auffassung, daß Asien angesichts der Wiederkunft Jesu Christi ein sicherer Zufluchtsort wäre. Sie rechnete mit der Realität von Geistern, erlebte Visionen und Prophezeiungen und scheint auch die Gabe der Krankenheilung besessen zu haben. In der Entdeckung der unsichtbaren Welt ist sie mit der romantischen Zeitströmung verbunden. Viele ihrer Sonderlehren scheint sie von Jung-Stilling und Pfarrer Oberlin aus dem Elsässer Steintal übernommen zu haben. Nach der Aufklärung, die allein die sichtbare Welt gelten lassen wollte, war die Romantik umgekehrt der Auffassung, daß nur die uns umgebende unsichtbare Welt wesentlich ist.

Trotz dieser Sonderlehren blieb für Julianes Verkündigung das Versöhnungshandeln Jesu Christi zentral. So urteilte auch ihr kritisch-wohlwollender Zeitgenosse aus Schaffhausen, Professor Johann Georg Müller. Er schrieb in sein Tagebuch am 26. Juli 1817: „Ich lasse ihr ihre besondere Meinung und auch den schwärmerischen Anflug, der bei einem Weibe am wenigsten befremden muß (auch Origenes und alle originellen Denker über Religion hatten ihre besonderen Meinungen), und sehe auf die Hauptsache, und da bekenne ich, daß ich den Geist der christlichen Weisheit, Demuth und Liebe, die Liebe zum Herrn und um des Herrn willen zu den Menschen – seit Langem nie in dieser Vollkommenheit gesehen habe."[17] Daß Müller wußte, von was er sprach, zeigt seine Erwähnung ihrer Verehrung Marias[18] und ihrer Auffassung, daß der erste Mensch androgyn, also männliche und weibliche Merkmale vereinigend, gewesen sei und im Himmel der Unterschied der Geschlechter wieder verschwinden werde.[19] Auch rät sie, für entschlafene Seelen zu beten und Almosen zu geben.[20] Aufs ganze gesehen scheinen Juliane von Krüdeners Aussagen auf diesen Gebieten schwankend gewesen zu sein.[21]

Der Eindruck des kritisch-wohlwollenden Zeitgenossen gibt wohl die Wahrheit wieder: Trotz aller Sonderlehren wurde die Botschaft von der Versöhnung des Menschen in Jesus Christus nicht verdeckt, sondern blieb der ausstrahlungskräftige Mittelpunkt. Vielleicht trifft die Aussage einer Schweizerischen Zeitung, abgedruckt im Vorwort zum „Einsiedler", den Sachverhalt am besten: „Von Schwärmerei möchten wir sie weniger frei sprechen; aber wo bewegte sich irgendwas Großartiges im Leben, ohne einen gewissen Zuschlag von Schwärmerei, nicht davon zu reden, daß den Lauen und Nüchternen jeder Flügelschlag eines sie überschwebenden Geistes schwärmerisch erscheint."[22]

Zu jedem neuen Frömmigkeitsaufbruch gehört eine gute Portion Schwärmerei. Erneuerung ist der Kirche meist durch Gruppen an ihrem Rand geschenkt worden. Erst im Verlaufe einer Erweckungsbewegung kann die Theologie klärend und auf das Errungene festigend einwirken. Wollte man von vornherein jeden Überschwang vermeiden, würde man einen solchen Aufbruch im Keim ersticken. Die Theologie bleibt Kostgängerin einer lebendigen Praxis!

Juliane von Krüdeners besondere Sendung

Visionärin zwischen Ost und West

Juliane von Krüdener – so zeigen es Mitschriften ihrer Reden – war überzeugt, eine besondere Sendung für die Völker Europas zu haben. Sie fühlte sich als von Gott berufene Weckuhr, um die lau gewordenen Christen zu einem lebendigen und opferfreudigen Glauben zu erwecken. Das zeigt z. B. folgender Redeauszug vom 22. Januar 1818: „Gott erwählte ein Weib zu diesem Berufe, so sprach sie, weil er es besser brauchen konnte, als einen Mann ... Der Kaiser selbst, so wie ihr König, meine Lieben, kennt meine göttliche Sendung. Der Erstere steht an der Spitze der Mission, welche der heilige Bund genannt wird. Ohne diesen heiligen Bund würde die Welt in Trümmern gehen und Deutschland wäre nicht gerettet worden, wenn die Fürsten nicht vor Bekämpfung des allgemeinen Feindes bereits denselben beschworen hätten. Der russische Kaiser selbst hat mir gesagt: auf den Ruinen seines Reiches sei er erst zu Erkenntnis gekommen, – nur Gott allein habe gethan, was keiner menschlichen Macht mehr zu vollbringen würde möglich gewesen sein. Bilden Sie Sich also ja nicht ein, meine Herren vom Militär und die ,welche eine papierne Existenz haben', d. h. Beamte, Gelehrten und Philosophen, die eigentlich den Samen des Verderbens ausstreuten und die Welt ihrem Untergange nahe brachten, bilden Sie Sich ja nicht ein, daß Sie zur Erhebung Deutschland Etwas oder wol gar Alles beigetragen hätten ... Das eiserne Kreuz, meine Herren Militärs, welches Sie auf Ihrer Brust tragen, ist nicht dasjenige Kreuz, welches die Feinde schlug ... Es hat mich gefreut, Ihnen als eine Gottgesandte sein heiliges Wort ans Herz zu legen und Ihnen meinen Segen geben zu können."[23]

Aber nicht nur sie selbst betrachtete sich als von Gott Gesandte, auch Außenstehende scheinen diesen besonderen Beruf anerkannt zu haben. So verglich 1817 eine Schweizerische Zeitung sie mit dem Bußprediger Johannes dem Täufer: „Sie wohnt zwar nicht in der Stadt [Luzern], doch in der Nähe – und zieht bereits nicht nur die ganze Stadt, sondern auch die ganze Umgegend zu sich hinaus, wie Johannes in die Wüste."[24]

Woher hat Juliane von Krüdener dieses Bewußtsein ihrer Berufung genommen? Wesentlich dafür scheint die Begegnung mit Pfarrer Friedrich Fontaine und Marie Kummer im Elsaß gewesen zu sein. Letztere hat sie prophetisch zur Bußpredigerin Europas berufen. Dabei spielte die Gemütslage der Romantik eine große Rolle. In der frühen Erweckungsbewegung entdeckte man neu die nicht-rationalen Aspekte des christlichen Glaubens. Die Trennwand zwischen sichtbarer und unsichtbarer Welt wurde durchlässig. Man knüpfte an die besonderen Erfahrungen der ersten Christenheit an und wartete auf Prophezeiungen und Visionen. Dazu trug das intensive Studium der biblischen Schriften bei, in denen an vielen Stellen eine unsichtbare himmlische Welt klar bezeugt wird. Vor allem die Berichte aus den Evangelien und aus der Apostelgeschichte inspirierten den eigenen Glauben.

Entscheidend für die besondere Ausstrahlungskraft Frau von Krüdeners war ihr Durchdrungensein von der Gewißheit, daß die Wiederkunft Christi nahe war.[25] Alles kam darauf an, sich auf seine Wiederkunft vorzubereiten. Das galt sowohl für den einzelnen wie für ganze Völker und ihre Regierungen. Hierher rührte die besondere Dringlichkeit ihrer Verkündigung.

Als sichersten Zufluchtsort vor den schweren Gerichten, mit denen Gott die Welt vor der Wiederkunft Christi heimsuchen würde, hat Juliane von Krüdener den Osten, die Weiten Rußlands bis zum Kaukasus ihren Zuhörern vor Augen gestellt.[26] „Darum seien Strafgerichte unausweichlich. Alles lasse sich in der Welt dazu an. Das Volk Gottes werde gerettet werden. Schon sei der Ort ihrer Rettung ausersehen; Gott habe Alexander den Kaukasus gegeben. (Hier schien sie mir in's Phantasiren zu gerathen.) Dieses Gebirge habe Schnee auf seinen Höhen, Sonne, bestrahlte Felsen, zu seinen Füßen den Mond, das Türkische Reich."[27] Praktische Folge dieser Verkündigung war die Auswanderung vieler Erweckter nach Rußland.

Bußpredigerin Europas

Im Hinblick auf die Berufung Zar Alexanders als Retter Europas standen für Juliane von Krüdener drei Dinge fest: „daß nach dem ersten Pariser Frieden neue Stürme über Europa hereinbrechen müßten, daß Gott in denselben dem Kaiser Alexander eine große Aufgabe zugewiesen und daß sie selbst, wenn ihre Stunde gekommen wäre, berufen sei, dem Kaiser mit der Fülle der Heilsbotschaft zu seiner eigenen Seele Reinigung und Befestigung vor die Augen zu treten."[28]

Tatsächlich hat Juliane von Krüdener großen Einfluß auf das politische Selbstverständnis Alexanders gewonnen. Noch vor dem endgültigen Sieg über Napoleon bei Waterloo hat sie dem Zaren anhand der Lektüre einzelner Psalmen seine Mission gedeutet: Friedensstifter für die Völker Europas zu sein und ihnen das Evangelium des Friedens zu bringen.[29] In der Folgezeit hat sich Alexander immer mehr von der Überzeugung prägen lassen, daß allein in der öffentlichen Erkenntnis von Gottes allmächtiger Liebe Europas Rettung zu finden sei.[30] Aus diesen inneren Überzeugungen ist schließlich der Gedanke der Heiligen Allianz erwachsen.

Auch an dieser Stelle gilt, daß die ganze Zeitströmung den Gedanken einer europäischen Einigung auf der Grundlage des christlichen Glaubens begünstigte. Nachdem Napoleon, als Ausgeburt der anti-göttlichen Aufklärungszeit und ihrer Revolution, durch seine Eroberungen ganz Europa versklavt hatte, war man kriegsmüde und von der Sehnsucht nach einem Herrscher erfüllt, der Frieden und Einheit aus dem Glauben bringen konnte. Der Gedanke einer heiligen Allianz war nicht auf Zar Alexander beschränkt. Auch der preußische König Friedrich Wilhelm III. und der süddeutsche Philosoph Hans von Baader dachten darüber nach, wie nach dem endültigen Sieg über Napoleon der Politik ein religiöses Fundament gegeben werden könnte. Auf diese Weise sollte eine Wiederholung der durch Napoleon ausgelösten Katastrophe Europas verhindert werden.[31]

Es ist bis in die Gegenwart eine ungeklärte Frage unter Historikern, welche Bedeutung die Heilige Allianz für die Entwicklung des modernen Europa besessen hat. Sicher ist, daß sie jahrzehntelang den Frieden in Europa sicherte. Von ihren Gegnern ist immer wieder hervorgehoben worden, daß sie als Unterdrückungsinstrument gegen fortschrittliche Kräfte benutzt wurde. Tatsächlich hat besonders Fürst Metternich, der Leiter der österreichischen Regierung, die Heilige Allianz als Instrument zur Knebelung demokratischer Forderungen mißbraucht, um mit ihr seine reaktionäre Politik zu rechtfertigen.

Heute muten solche Gedanken fremd an, wenngleich auch wir in einer politischen Phase leben, in der am Bau eins europäischen Hauses gearbeitet wird. Dabei bildet jedoch nicht eine gemeinsame religiöse Grundüberzeugung das Fundament dieser Einigung. Vielmehr sollen ein einheitlicher wirtschaftlicher Markt und eine entsprechende Währung zu dieser Einheit führen. Auch wenn inzwischen alle größeren Kirchen Europas Büros am Sitz der EG in Brüssel eingerichtet haben, ist ihr politischer Einfluß auf die europäische Einigung doch eher gering.

Zweifellos stellte der Versuch der Heiligen Allianz, moderne Staatspolitik auf das Evangelium zu gründen, einen Anachronismus dar. Daran ändert auch die Beobachtung nichts, daß nach dem Zweiten Weltkrieg die Bundesrepublik Deutschland von weithin christlich motivierten Männern und Frauen aufgebaut wurde und sich dieser Versuch bis heute bewährt hat. Auch wenn unser Staatswesen „in der Verantwortung vor Gott und den Menschen" nach der Katastrophe des Dritten Reiches neu begründet wurde, war doch immer klar, daß es sich dabei um einen weltanschaulich neutralen Rechtsstaat handelte.

Auch Juliane von Krüdeners Wirken während der Hungersnot, die ab Sommer 1816 Europa, besonders aber die Schweiz und Südwestdeutschland heimsuchte, steht im Zusammenhang mit ihrer politischen Verkündigung. Sie wurde damals zur Bußpredigerin der reichen Baseler Regierungsschicht. In einem Brief an ihren späteren Schwiegersohn, Herrn von Berckheim in Karlsruhe, den Innenminister des badischen Großherzogtums, schrieb sie: „Nein, mein Herr, weit entfernt, den Müssiggang zu begünstigen, habe ich der millionenreichen Stadt, diesem Basel, das mich haßt und obige Dinge angezettelt hat [ihre Ausweisung], vorgeworfen, daß es nicht besser für so viele Arme sorgt, und daß es die Geschäfte vermindert, statt Arbeit zu geben. Aber man läßt die Armen in den Gemeinden wieder für die Armen sorgen, und die Reichen sorgen für die Reichen in Basel. Man stützt sich auf einige Wohlthätigkeitsanstalten, welche gänzlich die Liebe ersticken. Schaaren von Hilfsbedürftigen kommen und verlangen Brod von mir, aus demselben Basel, wo man alle ihrer Nothdurft zu steuern behauptete."[32]

Juliane von Krüdener benutzt in diesem Brief Formulierungen aus den Sendschreiben des auferstandenen Christus an die kleinasiatischen Gemeinden (Offenbarung 2–3). Wie dieser, so fordert auch sie ihre Adressaten zur Umkehr auf, um dem unmittelbar bevorstehenden Gericht zu entgehen. Gleichzeitig knüpft sie mit ihren Gedanken an die Sozialkritik der alttestamentlichen Propheten an.

Zukunftsweisend scheint mir übrigens ihr Gedanke, daß die Delegierung sozialer Hilfe an bestimmte Anstalten dazu führt, daß soziale Tugenden mehr und mehr verschwinden, weil sich keiner mehr für die Nöte seines Nächsten verantwortlich fühlt. Auch heute droht das ehrenamtliche soziale Engagement, der Kitt unserer Gesellschaft (Johannes Rau), aufgrund fast unbegrenzter staatlicher sozialer Leistungen immer mehr zu verschwinden.

Frau von Krüdeners scharfe Anklagen gegen die Regierenden, verbunden mit ihrer Botschaft von einem Zufluchtsort vor den Nöten und Verfolgungen im asiatischen Raum, gaben ihrer Botschaft den Anschein des „Aufrührerischen".[33] Als der Prophet Amos im Staatsheiligtum Nordisraels gegen die sozialen Mißstände predigte (Amos 7, 10–17), fiel auch auf ihn der Schatten des Aufrührers. Dieser Anschein des Aufrührerischen führte auch bei Juliane von Krüdener zur Verfolgung und häufigen Ausweisung und schließlich zur Abschiebung nach Rußland. Wahrscheinlich haben nur ihre Verbindungen zu wichtigen Persönlichkeiten des öffentlichen Lebens Schlimmeres verhindert. Nie hat sie diese Verfolgungen gescheut, manche ihrer Zeitgenossen hatten sogar den Eindruck, daß sie diese selbst hervorrief, indem sie erst dann wegging, wenn die Landjäger kamen.[34] Nach ihrer eigenen Aussage wollte sie damit etwas von den Sünden gutmachen, die sie in ihrem Leben vor ihrer Bekehrung auf sich geladen hatte. Umgekehrt sollte es ein besonders intensives Zeugnis ihrer Liebe zum verfolgten Jesus von Nazareth sein. Gerade dieser Zug ihrer Frömmigkeit ist oft als schwärmerisch bezeichnet worden, hat aber in meinen Augen etwas sehr Sympathisches. Ihr lag daran, das Leben Jesu Christi soweit wie nur möglich nachzuahmen, es ganz konkret in seinen Verfolgungen und Leiden zu teilen. Für eine Frau aus den höchsten Schichten wahrlich ein ungewöhnliches Bemühen.

Juliane von Krüdener ist im 19. Jahrhundert besonders von Deutschen wegen ihrer Einflußnahme auf Zar Alexander heftig angegriffen worden. Man war aufgebracht, daß sie zur Milde gegenüber Frankreich – dem „deutschen Erbfeind" – aus christlicher Feindesliebe aufgerufen hatte.[35] Zudem sah man in ihrer prophetischen Berufung eine grundsätzlich fragwürdige Vermischung des Evangeliums mit der Politik und meinte, daß beides klar auseinanderzuhalten sei.

Nach dem Ende der Romantik hat man Frau von Krüdener schließlich vorgeworfen, „die Schranke christlicher Weiblichkeit" in ihrem Wirken überschritten zu haben.[36] Es sei nicht ihre Aufgabe gewesen, über die Armenpflege und das Wirken in der Familie hinauszugehen. Es mag dahingestellt bleiben, welches Frauenbild einer solchen Beurteilung zugrunde liegt. Sicher ist es kein biblisch begründetes, sondern ein vom Zeitalter des Biedermeier geprägtes Bild.

Juliane von Krüdener ging es um eine Erneuerung der politischen und gesellschaftlichen Verhältnisse aus dem Geist des Evangeliums. Voraussetzung dafür war für sie, daß der einzelne sein Leben Jesus Christus anvertraut und von ihm die Grundsätze seines Handelns empfängt: „Es ist der alte Krieg der Finsterniß gegen das Licht. Fürsten und Beamte sind nur Sklaven jener Macht, solange sie Jesum Christum den lebendigen Gott nicht zum König und Erlöser, sein Evangelium nicht zum Gesetzbuch, und sein Leben nicht zum Vorbilde haben."[37]

Theologisch ungeklärt ist bis heute die Frage, inwieweit das Evangelium, insbesondere die Bergpredigt mit dem Gebot der Feindesliebe, dazu taugt, in das politische Leben umgesetzt zu werden. Karl Barth hat in seiner Schrift „Christengemeinde und Bürgergemeinde" einen groß angelegten Versuch gemacht, das Evangelium als Vorbild auch für das staatliche Gesetzbuch darzustellen. Damit liegt er auf seine Weise ganz auf der Linie Frau von Krüdeners. Dagegen hat das Luthertum lange Zeit ein Verständnis der Zwei-Reiche-Lehre Luthers kultiviert, das einer Emanzipation des staatlichen Handelns von den göttlichen Geboten Vorschub leistete. Dabei war man sich anscheinend nicht im klaren, daß auch der völlige Verzicht auf jede kirchliche Einflußnahme im politischen Bereich eine politische Entscheidung beinhaltete: nämlich den status quo als von Gott gegeben anzusehen. Dahinter stand eine mangelhafte Auslegung von Römer 13, wo Paulus eine Unterordnung unter den Staat mit seinen Regierungsorganen verlangt.

Trotzdem kann kein Zweifel daran bestehen, daß sich die Gebote der Bergpredigt nicht direkt ins politische Leben umsetzen lassen. Gerade aufgrund dieser noch ungelösten Probleme ist der von Juliane von Krüdener inspirierte Versuch Zar Alexanders bemerkenswert, aufgrund des Glaubens an die Macht der Gottesliebe für die Versöhnung zwischen den Völkern einzutreten.

Ihr Wirken als Evangelistin

Die Adressaten

Juliane von Krüdener hat das Evangelium an alle gesellschaftlichen Schichten weitergegeben: ihren eigenen Standesgenossen genauso wie einfachen Handwerkern und Bauern. Das zeigt z. B. ihr Aufenthalt im schweizerischen Aarau 1816: „Die gebildeten Einwohner versammelten sich Abends bei ihr zu Andachtstunden ... und das Landvolk der Gegend strömte haufenweise herbei, sie zu hören."[38]

Sie hat ihre Versammlungen meist in bewußt bescheiden gestalteten Räumen gehalten. Auch Zar Alexander von Rußland verbrachte mehrere Wochen lang alle zwei Tage den Abend bei Juliane von Krüdener in einer einfachen Bauernwohnung am Neckar, die sie bei Heidelberg gemietet hatte.[39] Selbst in Paris hielt sie Versammlungen in bescheiden gestalteter Umgebung ab.[40] Sicher schwang hier ein romantischer Zug mit, der in Ideen Rousseaus begründet war. Die Einfachheit bildete einen abwechslungsreichen Kontrast zur luxuriösen Umgebung, in der sich das Leben der oberen Stände sonst abspielte.

Daß Juliane von Krüdener auch Menschen auf der Schattenseite des Leben mit dem Evangelium erreichen wollte, zeigt eine kleine Begebenheit während eines Heidelberger Aufenthalts 1812. Im Gefängnis, das ihrem Gasthaus gegenüber lag, waren gewöhnliche Diebe untergebracht. Juliane von Krüdener bemühte sich, mit ihnen in Kontakt zu kommen und ließ ihnen ein gutes Sonntagsessen vom Wärterehepaar bereiten und christliche Literatur verteilen. Kurze Zeit später hörte sie die Gefangenen christliche Lieder singen. In dieser Frau muß eine besondere Kraft der Liebe und Begeisterung gewohnt haben, wodurch sie auf ihre Umgebung ansteckend wirkte.

Die Stellung zur Kirche

Es verwundert nicht, daß Juliane von Krüdener immer wieder in Konflikt mit der Pfarrerschaft geriet. Man warf ihr vor, daß sie die zu ihr strömenden Menschen nicht an die zuständigen Pfarrer verwiesen habe. In dem bereits zitierten Brief an Herrn von Berckheim schreibt sie dazu: „Noch eine Beschwerde der Regierung ist, daß ich die Leute nicht weggeschickt habe, die ihr gepreßtes Herz vor mir ausschütten, und meine Fürbitte verlangten, und daß ich sie nicht an ihre Pfarrer verwiesen. Aber sie kamen zuweilen sehr weit und aus andern Ländern herbei. Zuweilen waren sie von den Pfarrern selbst geschickt; sie waren bekümmert, gequält im Gewissen, der schrecklichsten Verzweiflung nah. Manchmal warens einfach Leute, die keine Pfarrer hatten, und nicht zur Kirche gingen, weil sie nicht bekehrt waren, oder weil sie zu arm waren, um sich in anständiger Kleidung darin zu zeigen; ein Fall der in protestantischen Ländern häufiger ist, als man glaubt. Es waren auch wohl Juden, die von der Schönheit des Evangeliums berührt waren; endlich Priester und Pfarrer selbst, mit denen ich betete. Seit Jahren gewohnt, daß Menschen von allen Ständen mir die verborgenen Falten ihres Herzens öffneten, und während ich unaufhörlich katholischen Priestern solche zuschickte, die lange ohne Beichte gelebt hatten: wie hätte ich den Strom von Seelen abweisen können, die ich auch in dieser Gegend ankommen sah?"[41]

Juliane von Krüdener sah richtig, daß aus verschiedensten Gründen – bis hin zur fehlenden Sonntagskleidung – die Mittel der verfaßten Kirche mit ihren beamteten Pfarrern gar nicht ausreichten, um allen Menschen das Evangelium nahezubringen. Unkonventionelle Methoden jenseits aller Institutionen waren für viele die einzige Möglichkeit, zum Glauben zu finden. Es ging ihr auch gar nicht allein um Verkündigung. Sie hatte erkannt, daß bleibende Wirkungen nur dann entstehen, wenn die Verkündigung von seelsorgerlicher Begleitung unterstützt wird.

Es hat der evangelischen Kirche gut getan, wenn sie charismatische Berufungen nicht von vornherein abgelehnt oder sogar verfolgt, sondern zumindest geduldet, wenn nicht unterstützt hat. Frau von Krüdener ist ein Beispiel aus einer unzähligen Reihe von besonderen Berufungen in der Kirche Jesu Christi. Als mündige Laiin hat sie unzähligen Menschen den Weg zum Glauben bahnen können. Dabei zeigt sich an ihr die in der Kirchengeschichte immer wieder neu auftretende Problematik des Verhältnisses zwischen Charisma und Institution bzw. Amt.[42] Die Zukunft der Kirche wird davon abhängen, ob es den „Hauptamtlichen" gelingt, den mündigen Laien für seine Aufgaben in einer säkularisierten Welt auszurüsten und ihn auf seinen Weg im säkularisierten Alltag zu begleiten.

Mitinitiatorin der Diakonie

Juliane von Krüdener hat durch ihre beispielhafte Freigebigkeit während des europäischen Hungerwinters 1816/17 einen der Anstöße zur Entstehung der ersten Werke der Inneren Mission gegeben. Damals verkaufte sie ihre Diamanten im Wert von 30.000 Franken und setzte das Geld neben ihren Einkünften aus Rußland zur Unterstützung des hungernden Volkes ein.[43] Angespornt durch ihr Vorbild, gaben auch ihre Freunde große Geldbeträge. „Es wurde gepredigt und gebetet, es wurden Suppen gekocht und Decken vertheilt, alles unter der Verfolgung der staatlichen Gewalt."[44] Juliane von Krüdener organisierte damals ein regelrechtes soziales Soforthilfeprogramm, um auf diese Weise die größte Not zu lindern.

Gerade Mitglieder der privilegierten Schichten haben in einem von Obrigkeitsdenken geprägtem Zeitalter eine solche Hilfstätigkeit auf privater Basis als gesetzlose Einmischung in das staatliche System betrachtet. Allerdings mußte auch ein ihr gegenüber eher kritisch eingestellter Beobachter zugestehen, daß sie in den Jahren 1816 und 1817 zur Mutter des Volkes geworden war.[45]

Juliane von Krüdener hat heftig gegen Regierungen polemisiert, die ihr verbieten wollten, sich der Armen anzunehmen, Kranke zu pflegen und Fremde zu beherbergen. Gesetze, die Almosengeben, Beherbergung u. a. verboten, sah sie als antichristlich an.[46] Am klarsten erkennen wir ihre Gesinnung in dem schon mehrfach zitierten Brief an Herrn von Berckheim: „Ich sollte denken, es wäre unnöthig, mich weiter gegen den Vorwurf zu rechtfertigen, daß ich Arme genährt habe, wiewohl die Beamten in Lörrach sagen, ich sollte es nicht thun. In einem andern Zeitalter wäre ich der Vertheidigung überhoben gewesen. Wozu dient unsere angebliche Aufklärung, und die Begriffe der Freiheit, wenn man nicht mehr den Armen nähren, kleiden, herbergen, seine Rechte verfechten, noch ihn mit dem Evangelium in der Hand trösten darf?"[47] Juliane von Krüdener knüpft hier an die Rede Jesu beim Jüngsten Gericht an (Matthäus 25, 31–46). Es war eine aus dem Evangelium gewonnene Erkenntnis, die sie zu einer der Begründerinnen der modernen Diakonie werden ließ.

Im weiteren Verlauf des zitierten Briefes wendet sie sich auch gegen die falsche Behauptung, daß die Armut nicht in bestimmten Unrechtsstrukturen, sondern im persönlichen Unvermögen der Betreffenden begründet sei: „Noch muß ich Ihnen die Bemerkung machen, mein Herr, daß es eine unverschämte Lüge der Zeitungen ist, von Müssiggängern zu reden in einem Augenblick, wo Niemand Arbeit hat, wo Tausende darnach seufzen, wo alle Fabriken stille stehen, als Folge jener Gerichte, welche die Habsucht und Selbstsucht treffen, und den Armen und den Arbeitsmann lehren, den Herrn zu suchen und ihm allein zu vertrauen. Weit entfernt, von Diebstählen zu hören, wie es ebenfalls heißt, ist sich vielmehr zu verwundern, daß nicht alles voll Räuber ist.“[48] Juliane von Krüdener verwarf damit jeden Versuch der Regierungen, sich ihrer sozialen Verpflichtung zu entziehen. Das hinderte sie nicht, die Wirtschaftskrise im Gefolge der napoleonischen Kriege als Gericht Gottes zu verstehen, durch das Menschen zur Umkehr, d. h. zum Glauben an das Evangelium gebracht werden sollten.

Frau von Krüdener gehört zu den interessantesten Frauengestalten des Pietismus. Gerade ihre Unbedingtheit der Christusnachfolge, um derentwillen sie Ansehen und Vermögen opferte, macht sie so glaubwürdig. Als eine der wenigen Menschen ihrer Zeit hat sie die sozial-ethische Dimension des christlichen Glaubens erkannt. So wurde sie als Mitglied der Aristokratie zum ungeliebten sozialen Gewissen der damaligen Regierungen. Als einzelne, ohne mächtige Lobby, hat sie deren soziale Versäumnisse unmißverständlich beim Namen genannt. Gerade in diesem Bereich ihres Wirkens liegen noch viele fruchtbare Erkenntnisse Juliane von Krüdeners, die zu entdecken sich lohnte.

Weiterführende Literatur

Einen ersten Überblick über Leben und Werk Juliane von Krüdeners vermitteln die Artikel aus der Allgemeinen Deutschen Biographie (1883, 196–212), aus der Realencyklopädie für protestantische Theologie und Kirche (Band 11, 1902, 146–150) und neuerdings aus der Theologischen Realenzyklopädie (Band 20, 1990, 122 f). Hinweisen möchte ich auch auf die Biographie aus der Feder Hedwig von Rederns „Zwei Welten" (2. Auflage, 1927). Aufschlußreich für das Lebensgefühl Juliane von Krüdeners ist ihr zweibändiges Romanwerk „Valérie ou lettres de Gustave de Linar à Ernest", 1803; deutsch 1804: „Valerié oder Briefe v. Gustaf von Linar an Ernst von G..." Dieser Roman ist noch vor ihrer Hinwendung zu Christus entstanden. Er enthält jedoch bereits romantisches Gedankengut, das von einer mystisch-religiösen Stimmungslage eingefärbt ist. 15 Jahre nach ihrer Bekehrung ist „Der Einsiedler. Ein Fragment" 1818 in Leipzig erschienen. Zu dem Bändchen gehört als Vorwort eine der frühesten biographischen Skizzen über Juliane von Krüdener. Das Fragment zeigt romanhaft den inneren Weg auf, den die Autorin selbst gegangen ist. Originalton bieten zeitgenössische Tagebucheintragungen Johann Georg Müllers aus Schaffhausen, die dieser anläßlich des Besuches Frau von Krüdeners in der Stadt aufgezeichnet hat. Sie sind wohlwollend-kritisch im Ton (Frau von Krüdener in der Schweiz. Aus dem Tagebuche Joh. Georg Müller's. Zur Geschichte der religiösen Bewegungen nach den Befreiungskriegen, in: Protestantische Monatsblätter für innere Zeitgeschichte, Bd. 22, 1863).

ANNA SCHLATTER (1773–1826)

Konsequente Christusnachfolge zwischen Aufklärung und Erweckung

Lebenslauf

Der Lebenslauf von Anna Schlatter ist schnell erzählt, denn äußerlich gesehen weist er wenige Höhepunkte auf. Sie stammte aus einem seit vielen Generationen in St. Gallen in der Schweiz ansässigen Geschlecht. Zusammen mit vier Schwestern wuchs sie in der Familie Bernet auf, die in St. Gallen eine bedeutende Rolle spielte. Immer wieder bekleideten Männer aus ihren Reihen das Amt des Bürgermeisters. Hans Kaspar Bernet, der Großvater Annas, war von 1752–1764 Bürgermeister von St. Gallen. Ihr Vater Kaspar Bernet war Ratsherr und ursprünglich Besitzer einer Musselin-Fabrik, so daß Anna ihre frühe Kindheit in beträchtlichem Wohlstand verbrachte. Die wirtschaftliche Krise in den 70er Jahren des 18. Jahrhunderts veranlaßte den Vater, seine Fabrik zu verkaufen und von den Zinsen des gebliebenen Vermögens zu leben. Das bedeutete eine große Einschränkung im Vergleich zu den Lebensverhältnissen vorher.

Wie ihr Geschlecht aus St. Gallen stammte, so hat sie selbst ihr Leben dort verbracht und ist 1826 auch in ihrer Heimatstadt gestorben. Die Heirat mit dem jung verwitweten St. Gallener Kaufmann Hektor Schlatter (1766–1842) fand im Februar 1794 statt. Trotz der Verschiedenheit der Charaktere der beiden Eheleute und vor allem der unterschiedlichen Glaubensauffassung wurde die Ehe sehr glücklich. Anna stammte aus einem vom Pietismus geprägten Elternhaus, ihr Mann Hektor neigte mehr einem von der Aufklärung geprägten Glauben zu. Im Verlaufe ihrer über 30jährigen Ehe wurde Anna Schlatter dreizehnmal Mutter. Von den dreizehn Kindern starben allerdings drei entweder direkt nach der Geburt oder in früher Kindheit. Man kann sich gut vorstellen, daß Anna durch das Großziehen ihrer Kinder bereits völlig ausgelastet war. Daneben trat jedoch noch die Berufstätigkeit, denn sie mußte im Laden, der im Wohnhaus untergebracht war, mit bedienen. So ist Anna Schlatter eine berufstätige Frau, die das Problem einer Doppelbelastung lösen mußte, wie wir es auch aus dem 20. Jahrhundert kennen.

Die größte äußere Erschütterung im Leben Anna Schlatters bedeutete die Besetzung St. Gallens durch die Franzosen. Das aus der französischen Revolution hervorgegangene napoleonische Frankreich erzwang in der neutralen Schweiz die Annahme einer freiheitlicheren helvetischen Konstitution. Im Gefolge des Einmarsches der Franzosen hatte auch das Schlattersche Haus häufig Einquartierungen zu erdulden. Nach den Franzosen kamen die Österreicher und dann wieder die Franzosen.

Erst nachdem die Kinder größer waren und zum Teil bereits das Elternhaus zur Berufsausbildung verlassen hatten, fand Anna mehr Zeit für sich. 1816 reiste sie ins benachbarte Bayern, um dort ihre katholischen Freunde aus der Allgäuer Erweckungsbewegung zu besuchen, mit denen sie schon länger durch Briefe und Besuche in Verbindung stand. Sie traf auf dieser Reise neben ihrem Freund Martin Boos auch Xaver Bayer, Ignaz Lindl und Johannes Goßner.

Schon zwei Jahre später unternahm sie eine weitere Reise zur Brüdergemeine Königsfeld im badischen Schwarzwald. Die dritte Reise (1820) brachte sie nach Basel, wo sie führende Männer der Erweckungsbewegung kennenlernte: Heinrich Zeller in Beuggen, einen der Väter der Diakonie, Johann Christoph Blumhardt, der damals bei der Baseler Mission arbeitete, und Christian Friedrich Spittler, den Sekretär der Christentums-Gesellschaft in Basel.

Ihre vierte und längste Reise führte sie 1821 vor allem ins Wuppertal und nach Württemberg. Sie nahm Kontakt auf zu den von der Erweckungsbewegung erfaßten Menschen des Wuppertals, aber auch mit schwäbischen Freunden in Tübingen und Stuttgart. In Baden besuchte sie den katholischen Pfarrer Aloys Henhöfer, einen der großen Prediger der damaligen Zeit, der wenig später die katholische Kirche zusammen mit einem großen Teil seiner Gemeinde verließ. In Bonn traf sie Ernst Moritz Arndt und in Elberfeld Gott-

fried Daniel Krummacher. Von Elberfeld aus besichtigte sie eine der
ersten Einrichtungen der Inneren Mission, die sog. Rettungsanstalt
des Grafen von der Recke-Vollmerstein in Oberdyk, in der Friederike Fliedner vor ihrer Heirat gearbeitet hat.

Kurz darauf erkrankte sie schwer. Die sich immer mehr verschlim-
mernde Wassersucht führte bereits wenige Jahre später – 1826 – zu
ihrem frühen Tod.

Anna Schlatters Leben war eingebunden in ihre Aufgaben als Mutter und berufstätige Frau; darum auch die wenigen äußeren Höhepunkte. Innerlich hat sie jedoch ein ungewöhnlich reiches Leben
geführt. Das hing nicht zuletzt mit ihrer charaktermäßig bedingten
und durch die Verschiedenheit der Ehepartner geförderten Eigenständigkeit im Denken und einer sich daraus ergebenden Unabhängigkeit im Urteil zusammen. Ein konsequenter christlicher Glaube
prägte ihr Leben bis in die Alltagsentscheidungen hinein. Bis ans
Ende rang sie darum, ihre Christusliebe und ihre Pflichten als Gat-
tin, Hausfrau, Mutter und Geschäftsfrau miteinander zu verbinden.
Dieses Praxisfeld war der Wurzelboden ihrer engagierten Laien-
theologie. Sie scheute sich nicht, eigene theologische Ansichten im
mündlichen oder schriftlichen Gespräch mit Fachtheologen zu vertreten.

Die Liebe zu Jesus machte sie zu einer Meisterin der Freundschaft
mit anderen Christen. Ihre vielfältigen Freundschaftsbeziehungen
pflegte sie vor allem auf dem Wege des brieflichen Austauschs. Die
Briefe wurden nach ihrem Tode veröffentlicht und haben z.T. viele
Auflagen erlebt. Unbeabsichtigt wurde sie dadurch zu einer viel
gelesenen Schriftstellerin.[1]

Eigenständiges geistliches Leben

Bedingt durch die Verschiedenheit der Glaubensauffassung der Eheleute war Anna Schlatter gezwungen, sich im Hinblick auf Glau-
bensdinge völlig selbständig zu entwickeln. Das Ergebnis war eine
eigenständige Frömmigkeit. Nach einem Besuch bei Gottlieb Wilhelm Hoffmann, dem Leiter der Brüdergemeinde Korntal bei Stutt-

gart, schrieb sie: „Im Korntal war mir's ungefähr so wie in der Brüdergemeinde [von Königsfeld]; für mich wäre das Leben in einer Gemeinde nicht ratsam; ich würde viel fehlen und Ärgernis geben, auch fürchtete ich mich, in Heuchelei zu fallen, weil mein Gemüt oft nicht zum Singen und Beten gestimmt wäre, wenn die Gemeinde dies vornähme, ich also ohne wahre Teilnahme des Herzens mitmachen müßte ... "[2] Anna Schlatter hatte sich um Ziel gesetzt, völlig aufrichtig vor Gott und Menschen zu sein. Dieses Ziel, verbunden mit einem eigenständigen Denken, machte es ihr unmöglich, sich den Frömmigkeitsformen einer Gemeinschaft unterzuordnen. Sie brauchte als Christin einen Freiraum, um ihren Glauben authentisch leben zu können.

Voraussetzung ihrer von niemand abhängigen Spiritualität war ein Leben aus der Stille. In einem Lied dichtete sie 1823:

„Ein Blümchen blühet auf der Welt,
Das mir vor allen wohl gefällt;
Es heißet Gottes Wille
Und wächset in der Stille."[3]

Während eines an Arbeit reichen Lebens hatte sie gelernt, daß die Zeiten der Stille vor Gott die Quellorte waren, aus denen sich die Qualität ihres Alltagslebens speiste und erneuerte. Darum wurden ihr in den letzten Lebensjahren die einsamen Stunden in ihrem Zimmer besonders kostbar: „Es ist bei mir wirklich wie Sabbatabend geworden gegen den früheren geräuschvollen Tag gerechnet. Wenigstens ein paar Stunden kann ich doch jeden Tag ganz allein sein, und das schmeckt mir so köstlich; sie enteilen mir nur zu schnell."[4] Sobald ihre Kinder groß genug waren, bemühte sie sich um Zeiten der persönlichen Besinnung inmitten des turbulenten Geschäfts- und Großfamilienlebens. Die „rote Stube" im oberen Stockwerk war der Ort, wo sie sich Zeit zur persönlichen Bibellese und zum Gebet nahm, wo sie aber auch Briefe und kleinere literarische Arbeiten verfaßte. Daß diese stillen Zeiten nur unter Kampf gewonnen werden konnten, zeigt eine Passage eines Briefes von 1796 an ihre Freundin Nette Lavater: „Ach, es ist mir so wohl, wenn ich unter meinen oft kleinlichen Geschäften an ihn [Jesus Christus] denke, aber ich mache mir diese reine Freude so wenig; laß uns fest an der Verheißung halten: ich bleibe bei euch bis an's Ende der Welt. Er bleibt dennoch in uns, ob wir seine Stimme schon oft nicht hören vor dem Geräusche in und außer uns. Auch ich kann selten beten, so daß es Gebet heißen dürfte, aber auch darin bin ich Dir ähnlich, für meine Kinder kann ich am gläubigsten beten."[5] Die Zeiten persönlicher Stille halfen, daß das Alltagsgeschehen auf Gott hin transparent wurde. Auf diese Weise gelang es Anna Schlatter, auch ihre Tätigkeit in Familie und Beruf auf Gott zu beziehen.

Aus einer von der Stille geprägten Frömmigkeit erwuchsen Anna Schlatters Gedanken zur Führung des Lebens durch Jesus Christus. In einem Brief an den Sohn Caspar, der Pfarrer geworden war, schreibt sie: „Ach! wie zerarbeitest Du Dich in der Menge deiner Wege, wie willst Du elendes Werkzeug bauen den Weinberg Deines Herren, und nicht viel lieber in seine Hände Dich hinlegen, damit Er baue mit Dir, was Ihm gefällt, oder Dich in den Winkel werfe als bedürfe Er Deiner gar nicht."[6] Der Sinn christlicher Rede von Führung bestand für sie darin, zu lernen, sich ganz dem Willen Gottes hinzugeben und aus Gottes Händen die Erfahrungen des Lebens dankbar anzunehmen.

Anna Schlatter lebte mit der Bibel und ging auf dieser Basis von einer dreifachen Erkennbarkeit der göttlichen Führung bei den vielen Entscheidungen des Alltags aus: Jesus führt seine Leute durch die innere Stimme des Geistes im Herzen, durch die Stimme von Menschen und durch die Umstände, in denen sich das menschliche Leben abspielt.[7] Gott ist durch die Stimme seines Geistes im Herzen vernehmbar, weil er nicht fern, sondern seinen Geschöpfen nahe ist. Aus eigener Erfahrung wußte Anna, wie wichtig neben dieser unmittelbaren Führung durch Gott vor allem für im Glauben noch unerfahrene Christen die Begleitung durch geistliche Mütter und Väter ist. Im Rückblick darauf, was ihre mütterliche Freundin Römer – eine Bürgerin St. Gallens – für die eigene geistliche Entwicklung bedeutete, schreibt sie: „Alles hat seine Zeit, bis das geistige Kind aus Mutterleibe durch die Wiege, durch die Schulen, durch's Mädchen=, Jungfrauen= und Matronen=Alter hindurchgezogen und gereift ist. Sie war scharf meinem alten Menschen, die Römer, aber liebte unaussprechlich das Bessere in mir."[8] Um unabhängig von anderen Menschen die Führungen Gottes im eigenen Leben erkennen zu können, braucht man geistliche Anleitung durch reifere Christen. Dabei ist das Ziel geistlicher Mutter- und Vaterschaft keine Abhängigkeit, sondern selbständige geistliche Entscheidungsfähigkeit: „Bei dem Tode meiner mir von Gott zu großem Segen geschenkten Freundin Römer 1807 fühlte ich sehr tröstend, daß ich ihrer nicht mehr bedürfe. Sie war mir ein Johannes der Täufer, der mich hinwies auf das Lamm Gottes, mir Buße und Glauben predigte."[9]

Anna Schlatter verstand das irdische Leben als Schule des Glaubens.[10] In dieser Schule führt der Auferstandene jeden Nachfolger und jede Nachfolgerin auf einem besonderen Weg, und alle haben zu verschiedenen Zeiten jeweils anderes zu lernen. Ein hervorragendes Erziehungsmittel in Gottes Schule war in ihren Augen das Leiden: „Unsere Krankheiten, Schmerzen, Verluste, unsere Leiden aller Art waren Gnaden, nicht Übel, waren Mittel zum Heile unserer Seele."[11] Anna Schlatter lebte in den biblischen Vorstellungen von Gott als dem gütigen Vater, der seine Kinder züchtigen muß, wenn er sie zum ewigen Leben tüchtig machen will. Martin Luther sprach von der herben Liebe Gottes, mit der er seine Kinder zu sich zieht. Uns Heutigen weht aus solchen Aussagen ein fremder und rauher Wind entgegen. Anna dagegen war davon überzeugt, daß allein durch von Gott heraufgeführte Leiden ein Mensch frei werden kann von seiner Verfallenheit an die Dinge des irdischen Lebens: „Wie viele Liebesschläge brauchte es, bis die Götzen todt waren und braucht's immer noch, denn wir strecken unsere Hände immer nach neuen aus, und das thörichte Herz wähnt sich arm, wenn es mit Gott allein ohne Gaben und Geschenke zufrieden sein soll."[12]

Anna Schlatter bemühte sich darum, ihr ganzes Leben im Horizont der Ewigkeit zu führen. Das irdische Leben war für sie „nur der geringste Anfang unsers ganzen Daseins".[13] Der Gedanke, im Jüngsten Gericht einmal für ihr Tun vor dem Thron Jesu Christi Rechenschaft ablegen zu müssen, bildete den Maßstab für ihr Handeln.[14] Von der Hoffnung auf das Leben im Himmel erhielt ihr Leben seine eigentliche Bedeutung. Das irdische Leben soll den Menschen nämlich auf sein himmlisches Leben vorbereiten. Nach der Entbindung ihrer Freundin Nette Lavater von einer Tochter schrieb sie ihr: „Gieb ihr für mich einen Mutterkuß als Willkomm in dies Erdenleben, welches dem Himmelsleben vorangehen und sie zu diesem bilden muß."[15] Bemerkenswert ist, daß diese Lebenseinstellung vom Ton der Freude, der Vorfreude auf das himmlische Leben geprägt blieb. „O, über dieses unermeßliche, unbeschreiblich herrliche Reich Christi in seiner Vollendung freut sich mein Geist in mancher stillen Stunde der Nacht oder des Morgens, wenn mein müder Leib, ohne zu schlafen, ruht . . ."[16] Dieses Leben erfüllt seine Bestimmung erst dann, wenn es einmündet in Gottes Ewigkeit.

Zu Anna Schlatters Christsein gehörte die Sehnsucht nach Vollendung dieses Lebens im Heimgehen zu Gott. In einem Brief an ihre Kinder schrieb sie: „Ihr sollt, so wenig als ich, hier eine bleibende Stätte finden, hier ohne Sehnsucht nach etwas Besserem mit dem zufrieden sein, was diese Welt dem Geist und dem äußeren Menschen giebt . . . der innere, der nach Gott geschaffene [Mensch], findet hier nichts, als Hunger und Durst nach dem lebendigen Gott, als ein Jagen nach dem vorgesteckten Ziel, ein Gefühl des noch nicht Ergriffenhabens bei allem Dank dafür, daß er von Christo Jesu ergriffen ist."[17] Solch ein Ton paßt schlecht zu unserem weithin diesseitsorientierten, von Wohlstandsdenken und Konsum geprägten Christsein.

Aus der Ewigkeitsorientierung von Annas Christsein rührte die kraftvolle Dynamik ihres geistlichen Lebens. Mit asketischem Ernst bemühte sie sich um die Heiligung ihres Lebens. Darin sah sie sogar seine entscheidende Aufgabe. „Nicht das Fragen ist uns befohlen: Herr! meinst Du, daß Wenige selig werden? sondern das Ringen, daß wir das Reich Gottes ererben mögen. Es ward unserm göttlichen Erretter, der von Anfang bei Gott war und alle Dinge in seiner Gewalt hatte, doch blutsauer, uns die Freiheit zu erwerben von Sünde, Tod und Teufel, und im Schlafe fällt uns das Reich Gottes nicht zu, sondern die Gewalt thun, die reißen es zu sich, denen wird dann das Uebrige hinzugethan, aber nicht das Reich Gottes zum Uebrigen, wenn sie diesem Uebrigen ihre Zeit und Kräfte widmen."[18] Auf den ersten Blick lassen solche Aussagen eine angestrengte Frömmigkeit vermuten, als ob die Heiligung vom Handeln des Menschen abhinge. Anna Schlatters Erfahrung korrigiert diese

Vermutung: Ein Christ kommt dadurch in der Heiligung voran, daß Gott ihn in seiner gewohnten Lebensführung erschüttert. „Sieh, Liebe, wenn Gott mir nicht beinahe alle Tage etwas, das meine Seele erschüttert, zuschickt, so komme ich nicht vorwärts."[19] Die Heiligung ist also nicht primär Tun des Menschen, seine Anstrengung und Mühe, sondern ist begründet in Gottes kontinuierlichem Handeln an ihm. Erst an zweiter Stelle steht die menschliche Antwort.[20] Einerseits rechnet Anna nüchtern mit bleibenden Unvollkommenheiten des menschlichen Charakters. Andererseits hofft sie in manchem auf Besserung und Veränderung[21] und ist traurig darüber, wenn sie den Eindruck hat, in der Heiligung versagt zu haben[22.]

Vergebung zu erfahren, bleibt konstitutiv für ihren Glauben: Sie weiß, daß sie auch als im Glauben bewährte Christin allein von der Barmherzigkeit Gottes lebt: „Ach Gott, wie übel geschähe mir, wenn ich ernten müßte, was ich in meinen 50 Jahren gesäet habe! – Nein, ich hoffe auf Barmherzigkeit, die mich im 19ten allein gerettet hätte vom Verderben und im 50sten ebenso allein mich retten wird."[23] Immer wieder stimmt Anna das große Loblied auf Gottes Versöhnungswillen an und wehrt damit ungesunden Perfektionismus ab – so in einem Brief an ihre Tochter Anna: „Das ist nicht mein Weg, liebe Anna! dies immerwährende sich selbst ansehen, beurtheilen, richten – ich werfe mich lieber als eine ganz Verurtheilte, vom Kopf bis zum Fuß Unreine, mit einem Sprung in die Arme seiner Barmherzigkeit in täglicher Buße und Glauben."[24] Darum war jedes Abendmahl ein Höhepunkt ihres geistlichen Lebens, ein Kraftzentrum ihrer Frömmigkeit.[25] Im Abendmahl trat ihr Jesus sichtbar, fühlbar und schmeckbar als Versöhner vor Augen.

Außer im Abendmahl wurde die Erfahrung der Vergebung auch in der persönlichen Seelsorge konkret. Anna erfuhr sie durch die seelsorgerlichen Briefe ihrer Freundinnen und Freunde und im seelsorgerlichen Gespräch.[26] Aus den Berichten von seelsorgerlichen Begegnungen leuchtet ihre Hochschätzung solcher Begegnungen. Sie blieben für Anna etwas Besonderes: Sie wollte in der Seelsorge keinesfalls geschwätzig werden. Erfahrene Einzelseelsorge war ein kostbares Geschenk, das sie mit besonderer Dankbarkeit von Gott entgegennahm.

Über allem Bemühen um Heiligung stand ihre Liebe zu Gott und dem Nächsten. Vermeintliche Liebe zu Gott darf nicht auf Kosten der Liebe zum Nächsten gehen: „. . . es ist oft geistlicher Eigennutz, was uns von den irdischen Geschäften weg in unsere Zimmer zieht, was uns über die Sorge für uns selbst, die Sorge für andere vergessen macht. Nicht der lebt in Gott, der nach seinem Hang dem Lesen, Nachdenken und der Einsamkeit lebt, sondern der, welcher ganz in dem Willen Gottes lebt, riefe der ihn auch so in's Aeußere hinaus, daß ihm nur die Nacht für sich selbst übrig bliebe."[27] Erst im liebevollen Dienst für andere, im Selbstvergessen, erfüllte sich für sie die Heiligung. Nicht ständige Selbstkontrolle, sondern frohe Liebe Jesus gegenüber prägte ihren Glauben. Der Grundton der Freude hat den Ernst, mit dem sie sich um ein Leben nach den Geboten Gottes bemühte, begleitet und verklärt. Dieser Ton erklingt in vielen Briefen: „In meinem Gemüthe ist's seit geraumer Zeit sehr heiter, in meinem Geist und Herzen sind der Mängel unzählige, darum mag ich mit Aufzählen nicht anfangen. Doch fühle ich mich unserm einzigsten Freund und Herrn näher, als zuweilen, und hoffe glaubend, er werde mich ganz zu sich ziehen."[28]

Ein erkämpftes Ja zu Ehe und Mutterschaft

Anna Schlatter war es nicht leicht gefallen, einen Mann zu heiraten, der in Glaubensangelegenheiten wie auch charakterlich ganz anders war, als sie gewünscht hatte. Wahrscheinlich ist das ein wesentlicher Grund dafür, daß sie sich als junge Frau mit ihrer Rolle als Ehefrau und Mutter intensiv auseinandergesetzt hat. Dieses Ringen klingt noch nach in Briefen an ihre erwachsenen Kinder. Ihre Briefe muten wohl auch deshalb so modern an, weil sie Auseinandersetzungen vorweggenommen hat, die jede moderne Frau durchzustehen hat.

So waren ihr Fragen der Selbstverwirklichung nicht fremd. Sie ist im Laufe eines arbeitsreichen Lebens als Ehefrau, Mutter und Unternehmersfrau zu einem Schluß gekommen, dem heute von vielen Seiten widersprochen werden dürfte. Anna meinte, daß Selbstverwirklichung nur auf dem Umweg über die Liebe zu Gott und dem Nächsten möglich ist: „Nur, was wir aus Liebe Gottes für Andere leben, leben wir eigentlich für uns; wo wir das unsere zu erhalten suchen, mag es noch so schön und heilig scheinen, da verlieren wir gewiß."[29] Diese Erkenntnis war schwer erkämpft. In einem Brief an die Tochter Anna gibt sie Rechenschaft über ihr Ringen: „Du weißt, ich war nie von Fremden abhängig, war im 20. Jahre Frau und Mutter, aber als ihr klein waret, blieb mir des Tages keine Viertelstunde für mich allein, geschweige eine Stunde; in eurem Dienst mußte ich 20 Jahre vom Morgen bis in die Nacht ununterbrochen leben; oft war's mir sauer, trieb meine Thränen und Seufzer nach oben, aber nun hat mir Gott seit 7 Jahren so vielen stillen Genuß verschafft und bald, bald wird er mich aus Gnaden einführen in die Ruhe des Volkes Gottes. Nun wünschte ich nicht aus eigenem Willen eine Stunde mehr mir selbst und meinen besseren Genüssen gelebt zu haben . . ."[30] Anna Schlatter bekennt sich hier offen zu ihrer Sehnsucht nach stillen Zeiten der persönlichen Gemeinschaft mit Gott. Trotzdem hatte in den ersten 20 Ehejahren die Verpflichtung zur Arbeit für die Familie den Vorrang. Um derentwillen war sie bereit geworden, auf einsame Stunden und die Vervollkommnung ihres Glaubens zu verzichten.

Bereits wenige Jahre nach ihrer Heirat hat sie ihre Auffassung von der Rolle der Frau in der Familie vom Verhalten Jesu her begründet: „Gott verleiht unserm Geschlecht als Jungfrau eine Sammlungs= und als Matrone eine Erholungszeit, in der Zwischenzeit sollen wir mit Geist und Körper nicht uns, sondern den Unsrigen leben. Und wohl uns, wenn wir auf diese Weise den Herren ehren, der auch nicht ihm, sondern den Brüdern lebte."[31] Weil Jesus Christus sein Leben für seine Freunde hingegeben hat, war auch sie zu einem selbstlosen Einsatz für Mann und Kinder bereit.

Anna Schlatter war ein Kind ihrer Zeit und in ihren Auffassungen geprägt von besonderen Lebensumständen. Man kann heute nicht mehr von jeder Frau erwarten, daß sie ihre Berufsinteressen zugunsten des Ehemanns und der Kinder zurückstellt. Verantwortung für andere kann sie auch im Berufsleben außerhalb der Familie wahrnehmen.

Die Zeitbezogenheit der Überzeugungen Anna Schlatters zeigt auch ihr Familienverständnis: Eine für andere Menschen dauerhaft geöffnete Familie konnte sie sich gar nicht vorstellen. „Die Ehe und das häusliche Leben scheint mir so ein Heiligthum, in das der beste

Drittmann nicht ganz paßt."[32] Die hier zutagetretende Eheauffassung war von der Romantik geprägt – unterstützt durch die Erfahrungen einer besonders glücklichen Ehe. Der im Neuen Testament bezeugte unbürgerliche Lebensstil Jesu und seiner Nachfolger und Nachfolgerinnen hat sie nicht zu einer Infragestellung ihres eigenen Ehe- und Familienverständnisses geführt. Dabei kann man gut verstehen, warum sie eine Öffnung ihrer Familie ablehnte. Man braucht sich nur vor Augen zu halten, daß sie sich mit 11 Kindern inmitten eines turbulenten Geschäftslebens natürlicherweise nach Orten des Rückzugs für die eigene Familie sehnte.

Dabei hat Anna nicht einem unnüchternen romantischen Eheideal gehuldigt. Einerseits ist die Ehe zwar von Gott eingesetzt, also göttliche Stiftung, gleichzeitig aber eine menschlich-bürgerliche Angelegenheit.[33] Sehr realistisch meint Anna Schlatter: „Es giebt zu viele Lagen im ehelichen Leben, in welchen eine Abneigung in Ekel übergehen und eine Ehe zur Hölle machen kann. Das ist Gottes Ordnung, und der höhere Glaube an alles Unsichtbare, was nach kurzem unserer wartet, hebt die Einrichtungen Gottes für diese Welt nicht auf, heiligt sie nur."[34] Sie hat sehr nüchtern gesehen, daß die Ehe ohne ein natürliches Liebesgefühl von Mann und Frau und die Möglichkeit, einen Hausstand zu gründen, nicht geschlossen werden sollte. Bei aller Ausrichtung ihrer Lebensführung auf die Ewigkeit übersprang sie nirgends die kreatürlichen Grenzen, die dem Leben in dieser Welt gesetzt sind.

Anna Schlatter hat nur unter inneren Kämpfen ihre Aufgabe als Mutter bejahen gelernt. 1802 schrieb sie: „Und wenn ich allemal mein Kleinstes wieder auf dem Arm habe, sage ich oft leise und laut zum Herrn: jetzt dank' ich Dir herzlich für dies dein Geschenk, das ich erst so ungern von Dir annahm, jetzt wein' ich vor Freuden, wie damals vor Kummer ..."[35] Wie hat sie nach der anfänglichen Ablehnung jedes neuen Kindes es dann doch bejahen können? Ein Brief an ihre Tochter Anna gibt darauf einen Hinweis: „... aber doch spricht aus jedem Kindergesichtchen auch die Stimme Gottes heraus: wir sind seines Geschlechts."[36] Anna bejahte das Natürliche. Die Welt ist trotz ihrer Gebrochenheit durch den Sündenfall Gottes Schöpfung geblieben und mit allen Geschöpfen Gottes gute Gabe an den Menschen. Darum lernte Anna sich letzten Endes doch über alle ihre Kinder zu freuen. In einem anderen Brief zeichnete sie eine reizende Skizze ihrer Kinder. Man spürt der Beschreibung die Freude der Mutter an der Verschiedenheit der Charaktere und des Aussehens der Kinder ab. Sie war realistisch genug, um dabei nicht blind zu sein für deren Charakterschwächen.[37]

Das Bewährungsfeld Erziehung

Mitte der Erziehungsarbeit Anna Schlatters, die aufgrund der anstrengenden Berufsarbeit ihres Mannes ganz in ihren Händen lag, war ihre große menschliche Wärme. Dies müssen die Kinder deutlich gespürt haben: „Alle meine Kinder hangen mit inniger Liebe an mir; dies sah ich nun während meiner Krankheit, in der B. und L. betend und helfend mir rührende Beweise der Liebe gaben. Es geht mir, wie Dir [ihrer Freundin Nette Lavater]; ohne Thränen lassen sie mich nicht weggehen, und wenn sieben Personen in der Stube wären, so würden sie immer nur mich um die Befriedigung ihrer kleinen Bedürfnisse bitten, nur an mich ihr Wort adressiren."[38] Nach heutigem Verständnis waren ihre Erziehungsgrundsätze streng.[39] Anna rechnet mit der Schwere und Bosheit der Sünde, von der bereits das Kind infiziert ist.

Bedenken erweckt das Erziehungsziel, den Eigenwillen des Kindes zu brechen. Im Gegensatz zu dieser rigide anmutenden Erziehungsregel betont Anna Schlatter an anderen Stellen, daß das Vertrauen der Kinder die entscheidende Voraussetzung für eine gelingende Erziehung ist: „Es giebt Fälle, wo ich mir kaum zu helfen weiß, um die Fehler meiner lebhaften verständigen Kinder zu bestrafen, ohne bei ihnen in den Verdacht des böse Meinens zu kommen. Um keinen Preis möchte ich ihr Vertrauen verlieren, aber noch weniger je der Sclave ihrer Launen werden, wie es viele Eltern sind."[40] Für jede gelingende Erziehung bleibt es unerläßlich, Grenzen aufzuzeigen – was nicht mit dem Brechen des Eigenwillens zu verwechseln ist. Grenzen vermitteln dem Heranwachsenden ein Gefühl der Sicherheit: Im Rahmen abgesteckter Grenzen kann er Vertrauen in die eigenen Fähigkeiten gewinnen.

Anna Schlatter spricht oft von der Gratwanderung, die jede Erziehung darstellt. In vielen Briefen gibt sie zu, daß sie sich vor allem wegen ihres heftigen Temperaments von der Erziehungsaufgabe überfordert fühlt.[41] Darum erbittet sie Hilfe von Gott: „Gebet ist und bleibt allein meine einzige sichere Zuflucht . . ."[42] So kam es, daß Anna ihre Kinder in der Verantwortung vor Gott und im Gespräch mit ihm erzog. Das Gespräch mit Gott im Gebet machte sie erfinderisch in ihren Erziehungsmethoden.

Vor allem wurde ihre Pädagogik von biblischen Motiven gespeist. Weil Gott am Menschen wie ein guter Vater handelt, ist zur Veranschaulichung dieses Handelns die Beteiligung der Väter an der Kindererziehung unerläßlich. Erziehung soll helfen, daß ein Mensch verfügbar für Gott und liebesfähig wird. An ihrer eigenen Entwicklung wird ihr bewußt, daß letztlich Gott selbst einen Menschen ein Leben lang erziehen muß, um diese Ziele zu erreichen: „. . . wenn Du nämlich in mein Inneres schauen könntest, die Schale ist leider beinahe gleich hart. Er, unser Weingärtner, fängt an, zuweilen auch auf diese zu schlagen, daß sie mürbe werde."[43]

Die religiös motivierte Erziehung sollte die Lebensfreude ihrer Kinder dabei nicht vermindern, sondern steigern helfen. Anna Schlatter richtete deren Geburtstage als regelrechte Freudenfeste aus. Das gleiche galt für das Weihnachtsfest: „So lange ich Mutter bin, ging von diesen Tagen aus ein leuchtender Faden durchs ganze Jahr und die Arbeiten, die ich im Dezember allemal zur Freude der Kinder, meinen übrigen Geschäften unbeschadet, in mancher späten Nachtstunde unternahm, waren mir selbst die süßeste Freude."[44] Trotz am Anfang bescheidener Mittel verstand Anna Schlatter aus dem wenigen Vorhandenen Festliches zu gestalten.

Jedes Kind sollte zur Leistungsfähigkeit erzogen werden. Als das alte Stadthaus durch einen Anbau erweitert wurde, hat Anna Schlatter eine schriftliche Hausordnung aufgestellt, die jedes Mitglied der Familie mit besonderen Aufgaben betraute. Jedes Kind sollte einen praktisch-nüchternen Sinn für das Leben erwerben. Auch die Erziehung der Geschwister untereinander hat wesentlich zur Lebenstüchtigkeit beigetragen, indem hier soziales Verhalten von früh auf eingeübt wurde.

Eine wichtige Rolle in der Erziehung spielte auch ein altes bäuerliches Fachwerkhaus mit großem Grundstück vor der Stadt. Es wurde im Jahr 1805 von der Familie erworben. „Dort ist meinem Mann und den Kindern königlich wohl. Auch mir ist's viel wert; denn da sind wir im Freien und doch einsam und beisammen und seelenvergnügt, wenn es auch nur eine stundenlange Erholung ist."[45] Das Spielen in der Natur, das Sorgendürfen für eigene kleine Gartenstücke und die Abgeschiedenheit bildeten ein nicht zu überschätzendes Gegengewicht zum ständigen Trubel des Geschäftshaushaltes.

Nirgends führte die religiös motivierte Erziehung im Hause Schlatter zu ängstlicher Enge. Der intensive christliche Glaube der Mutter brachte vielmehr auch für die Kinder eine Horizonterweiterung. Anna Schlatter gab ihnen Anteil an ihren weitgespannten Freundschaften. Die Kinder wuchsen wie von selbst in den großen Freundeskreis ihrer Mutter hinein. Indirekt halfen die christlichen Freunde bei der Erziehungsarbeit mit: „. . . was ich an meinen Kindern nicht so ausrichten konnte, können nun die Freunde; die vielen Briefe, die ich ihnen meistens vorlese, wirken mehr als meine Worte oder bestätigen meine Worte. So bekomme ich in Fremden Kinder meines Herzens, und meine Kinder an Fremden geistliche Väter und Mütter."[46] Es ist sicher kein Zufall, daß die meisten der Kinder sich später nach Deutschland orientiert haben, wo der Großteil der Freunde ansässig war.

Auch sonst hat Anna Schlatter ihren Kindern Anteil an ihren Interessen gegeben. So sprach sie mit ihnen über die Bücher, die sie gerade las und hat auf diese Weise dazu beigetragen, daß sie eine gediegene Bildung erhielten.

Anna Schlatter begleitete ihre Kinder auch im Erwachsenenalter weiter. Ihren Söhnen, die von zu Hause wegzogen, gab sie handgeschriebene „Mutterbüchlein" mit Trost und Ermahnungsworten auf die Reise mit. Es ging ihr letztlich darum, daß ihre Kinder zu Nachfolgern Jesu wurden, die seinen Willen mit Freuden taten.[47] Dabei fällt in den Briefen an die erwachsenen Kinder auf, wie Anna sich darin von der Mutter zur Partnerin wandelt. Sie bittet ihre erwachsene Tochter Anna, ihr doch die Fehler aufzudecken, die dieser bei ihrer Mutter aufgefallen sind.[48] Ebenso läßt sie ihre Tochter Anteil nehmen an einem Zustand großer geistlicher Dürre und Dunkelheit:

„Du fühlst's diesem kalten, leeren Briefe an, daß mein Geist arm ist und nicht zu schöpfen versteht aus der Fülle Christi ..."[49]

Weil sie von Natur keine große Kinderliebe hatte und sich nicht zur Kindererziehung geeignet fand, beeindruckt um so mehr die Klarheit, mit der sie über ihre Erziehungsgrundsätze Rechenschaft ablegt. Hervorzuheben ist auch ihre Kreativität, die ihr half, ständig neue Erziehungsmethoden zu erdenken. Ihre intensiven erzieherischen Bemühungen hingen unbestreitbar mit der aufklärerischen Freude an der Pädagogik zusammen.

Die Herausforderung der Doppelbelastung: Leben als berufstätige Frau

Es war selbstverständlich, daß die junge Frau von Anfang an im Geschäft des Mannes mitarbeitete, obwohl sie einen kleinen Sohn aus der ersten Ehe ihres Mannes zu erziehen hatte. Die finanzielle Situation war in den ersten Jahren von bescheidenem Zuschnitt. Zudem lag das Geschäft günstig erreichbar im Parterre des Wohnhauses.

Anna Schlatter kam zugute, daß sie von Jugend auf zu arbeiten gewohnt war. Sie hatte sich nach dem Verkauf der väterlichen Fabrik als junges Mädchen schon in der Weißwarenstickerei von St. Gallen eine Arbeit verschafft. Im Rückblick auf diese Jahre schreibt sie: „Wir Kinder sehen es als eine Wohltat Gottes an, daß er unsern Eltern das Vermögen geschmälert hat; wären sie reich geblieben, so wären wir gewiß nicht das geworden, was wir sind, wenigstens ich nicht."[50]

Anna Schlatter hat ihre Berufstätigkeit als Gottesdienst verstanden. „Ich muß jetzt eben sehr viel nur kaufen und verkaufen. Doch auch für meine Kinder und mir zum Trost sagt Paulus: ihr esset oder trinket, oder was ihr thut, so thut es alles zu Gottes Ehre. Und seine fertigen Teppiche, denk' ich, wird er auch verkauft haben, aber gewiß wird Niemand von ihm betrogen oder übervorteilt worden sein. Der Herr helfe mir, ihm immer nachstreben zu wollen."[51]

Ganz im Sinne von Luthers reformatorischer Berufsethik sah sie ihre weltliche Tätigkeit als Bewährungsfeld des Glaubens. Ihr Vorbild war der Apostel Paulus. Zwar bedauerte sie, daß ihre ganze Zeit von irdischen Tätigkeiten beschlagnahmt wurde. Da aber auch Paulus neben seiner apostolischen Tätigkeit als Handwerker gearbeitet hatte, lernte sie ihre Berufsaufgaben als von Gott gegeben zu betrachten.

Als die Schlatters später zu größerem Wohlstand kamen, behielt Anna einen einfachen Lebensstil bei. Sie trug nur einfache Kleidung und erzog auch ihre Kinder in diesem Sinne: Sie liebte es, die Kinder „nicht kostbar, aber artig gekleidet zu sehen".[52] Anna scheint aufgrund des Vorbildes Jesu, der selbst arm geworden war um unseretwillen, auch als reich gewordene Geschäftsfrau bewußt einen asketisch anmutenden Lebensstil gepflegt zu haben!

Von der Schweizer Staatsbürgerin zur christlichen Weltbürgerin

Anna Schlatter lebte in einer Zeitenwende Europas, die durch die Französische Revolution von 1789 bedingt war. Sie war noch vor der Revolution geboren und in der selbständigen Schweizer Stadtrepublik St. Gallen aufgewachsen. Dort erlebte sie den Einmarsch der französischen Revolutionstruppen und die damit verbundene Eingliederung St. Gallens in die von Frankreich abhängige „Helvetische Republik". Die Schweiz wurde in den folgenden Jahren zum Schauplatz der Kämpfe zwischen dem zunächst revolutionären, später napoleonischen Frankreich und den alten Monarchien Europas. Anna sah, wie die napoleonische Herrschaft über Europa zerbrach und ein deutsches Nationalgefühl entstand. Aufgrund dieser Entwicklungen wandelte sie sich von der Schweizer Staatsbürgerin zur christlichen Weltbürgerin.

Ein wesentlicher Grund für ihr waches politisches Engagement war ihre Herkunft. Am Beispiel des Vaters lernte Anna Schlatter, daß man sich als engagierter Christ ebenso engagiert um den Glauben wie um das öffentliche Wohl sorgen kann. Im Rückblick schrieb sie an einen Sohn: „Mein seliger Vater wurde früh, seiner Redlichkeit und Frömmigkeit wegen, von den Bürgern in den Rath gewählt; ich als das elfte Kind meiner Eltern kannte ihn von Jugend auf als Rathsherrn, hörte über jedem Essen die Angelegenheiten unsers kleinen Staats, welcher meines Vaters ganze Welt war, verhandeln; seine unbeschreibliche Angelegenheit für sie prägte sich uns Kindern allen ein."[53] Schon als Kind wurde sie zur Schweizerischen Patriotin: „Sobald ich singen konnte, lernte ich Schweizerlieder, auch als Mutter sang ich meine ersten Kinder mit Schweizerliedern in Schlaf und nahm mir vor, sie recht patriotisch zu erziehen. Die Schweiz schien mir das glücklichste Land, und mir grauete vor allen Königen."[54] Sie hat ihren Patriotismus also zunächst ganz ungebrochen an die eigenen Kinder weitergegeben.

Dann besetzten die Franzosen St. Gallen. Anna Schlatter rang schwer um Glauben an Gottes Schutz angesichts der französischen Besatzung. Trotz aller Furcht und Zweifel drang sie zu der Glaubensgewißheit durch, daß ohne den Willen Gottes kein Haar von ihrer aller Haupt fallen durfte.[55] Vor allem erschien ihr die Bedrohung der Schweizer Freiheit als Chance zur Umkehr der Schweizer zu Gott: „Wenn jetzt alle Einwohner sich zu dem Herrn wenden und ihr Leben bessern würden, ja, dann wäre dieser Sturm größte Wohlthat für unser Vaterland. Wenigstens glaube ich, lernten Viele an's Gebet glauben die vorher darüber lachten, und es kann auch an uns wahr werden: ihr gedachtet es böse zu machen, aber Gott gedachte es gut zu machen."[56] Es gelang ihr, auch das bedrohliche politische Geschehen mit Gottes Weltregierung und vor allem mit seinem Liebeswillen für jeden Menschen in Verbindung zu bringen. Die Bedrohung der Schweiz durch die Franzosen wurde für sie zum Umkehrruf Gottes an die Schweizer.

Anna Schlatter bewies damals außergewöhnliche Zivilcourage. Sie erschrak über die Nachgiebigkeit der Schweizer und hoffte sehr auf deren Tapferkeit im Kampf gegen das in Annas Augen ungerechte Verhalten der Franzosen. Richtig erkannte sie, daß das weit mächtigere Frankreich die kleine Schweiz als Aggressor überfallen hatte. Sie war – ein uns fremd gewordener Gedanke – der Überzeugung, daß die im gerechten Krieg für ihr Vaterland gefallenen Soldaten von Gott belohnt würden. „Auch der Tod ist in diesem Fall selig und dort werden der überwundenen Treuen große Belohnungen warten und später Enkel Segen wird ihnen nachfolgen."[57] Sie schien nicht wahrzunehmen, daß die Schweizerische Freiheit bis dahin nicht dem ganzen Volk, sondern nur einer größeren

Schicht von Privilegierten zugute gekommen war. Die französische Besetzung bedeutete den Sieg des Freiheitsgedankens der Französischen Revolution und brachte eine Demokratisierung in einer vorher so nicht gekannten Breite. Daß Anna Schlatter diese Dinge nicht wahrnahm, zeigt ihr Eingebundensein in das Denken ihres Standes. Einerseits lebte und litt sie intensiv mit ihren Zeitgenossen: Das war ihre große Stärke. Andererseits verhinderte ihre völlige Identifizierung mit dem eigenen Stand zunächst eine weiterführende Perspektive.

Durch die Erfahrungen im Zusammenhang mit den Einquartierungen entwuchs sie jedoch ihrem bisherigen Schweizer Patriotismus. Sie wünschte sich sehr, auch in den Franzosen Kinder Gottes sehen zu können: „Ich hoffe, es werde mir leicht werden, wenn ich Einquartierung haben muß, in den Franzosen Kinder meines himmlischen Vaters, Werkzeuge in seiner Hand zu meiner Besserung zu erblicken, aber nicht so leicht dem einreißenden Strom des Unglaubens und Verderbens zu entfliehen."[58] Es stellte sich bald heraus, daß der erste einquartierte französische Soldat Christ war. Ausgelöst durch diese Erfahrung erkannte sie im Verlauf der folgenden Jahre, daß die Liebe zum irdischen Vaterland durch die Liebe zum ewigen himmlischen Vaterland relativiert wird. Ein ungebrochener Patriotismus war für sie fortan nicht mehr möglich: „. . . denn ich sahe, daß auch Vaterland und Vaterstadt zu den vergänglichen Dingen gehörten, worauf ich meinen Fuß nicht mehr festsetzen wollte. Mein und Dein Vaterland wird vergehen, wenn Himmel und Erde wird vergehen. Nicht mit meinem irdischen Vaterlande mag ich fallen und stehen; denn ich liebte es mit Inbrunst und es fiel, fiel um seiner Sünden willen in Knechtschaft und Gericht, und fiel unter dem Gericht noch tiefer in die Sünde. Noch liebe ich es zwar mehr denn andere Länder, aber ich hange nicht mehr daran, sondern habe mich angehängt, wo kein Fallen möglich ist, an den ewig festen Grund unsers Heils, an meinen Herrn und Heiland, für den der Mensch Vater und Mutter und Haus verlassen muß im Geiste."[59]

Diese Sätze stammen aus einem seelsorgerlichen Brief Annas an Hauptmann von Plehwe, der zur unmittelbaren Umgebung des preußischen Königs Friedrich Wilhelm III. gehörte. Er war Mitglied in der jungen Burschenschaftsbewegung Deutschlands und hatte prägenden Anteil an einem sich bildenden deutschen Nationalbewußtsein.[60] Anna hat in diesem Brief sehr intensiv über die Bedeutung des eigenen Volkes nachgedacht. Wichtig ist ihr, daß es auf der ganzen Erde kein wahrhaft gutes Volk gibt.[61] Darum kann auch kein sichtbares Volk mit dem Volk Gottes gleichgesetzt werden. Sie kommt zu dem Schluß, daß Angehörige der Gemeinde Jesu Christi, von Gottes wahrem Volk, unter allen Völkern leben.[62] Gut reformatorisch meint sie, daß das Volk Jesu Christi in dieser Welt verborgen bleibt. Die Zugehörigkeit zur Gemeinde Jesu Christi wird die Zugehörigkeit zu dem irdischen Heimatvolk überdauern.

Die tiefste Ursache für Anna Schlatters Wandlung von der Schweizer Patriotin zur Weltbürgerin ist ihre Erkenntnis, daß Gott selbst jedem Menschen eine unverwechselbare Würde gegeben hat. Getragen vom Bewußtsein einer ihr von Gott beigelegten Würde, hatte sie es nicht mehr nötig, ihre Schweizer Identität zu rühmen oder sich standesgemäß zu kleiden: „Ich setzte mich auf meiner Reise an den größten Tafeln in Gasthöfen ungeputzt neben geputzte Damen. Vernünftige ließen mich gar keine Verachtung fühlen, und ein Zierpüppchen in Frankfurt, welches mir den Rücken kehrte neben mir, kümmerte mich gar nicht; ich wußte ja, daß ich eine Königstochter incognito sei."[63]

Anna Schlatter als Freundin

Anna Schlatter war ein Genie der Freundschaft. Aufgewachsen in einem Gechwisterkreis von zwölf Kindern, waren ihr Beziehungen zu vielen Menschen von Kindheit auf vertraut. Von früh an entstanden daneben Freundschaften zu Menschen außerhalb der Familie. Nette Lavater spielte dabei eine herausragende Rolle. Zu ihr entwickelte sich eine lebenslange Freundschaft. In den Briefen an Nette ist der warme und herzliche Ton, der Annas Freundschaften prägte, besonders deutlich zu spüren. Zur Freundschaft gehört für Anna Schlatter, daß die Freundinnen sich gegenseitig ihre Nöte und Probleme klagen können.[64] Freundschaft beinhaltet aber auch eine innige Liebe der Freundinnen zueinander. „Ich dachte an Dich, wie noch wenige Male, und die Sehnsucht nach Dir erwachte mächtig in meiner Brust. Dulde es, liebes Herz, daß ich so warm und heiß und innig Dich liebe."[65]

Solche Zeilen sind beeinflußt vom beginnenden Freundschaftskult der Romantik. Man neigte dazu, menschliche Beziehungen regelrecht zu vergöttern. Mit der frühromantischen Zeitströmung entdeckte Anna Schlatter die Besonderheit jeder menschlichen Seele und empfand Freude an der Vielfalt und Unterschiedlichkeit der Menschen. Die zitierten Sätze zeigen auch, daß sie Freundschaften nicht geistlich überhöht hat, sondern natürliche Empfindungen wie die Sehnsucht nach Nähe und Verständnis darin ihren Platz hatten. Dabei blieb das wichtigste Ziel ihrer Freundschaften, sich gegenseitig im Glauben zu stärken und in der Nachfolge Jesu Christi weiterzubringen. Anna unternahm auch die Reisen zu ihren Freunden nach Deutschland nicht, „um neue Städte und Gegenden zu sehen, sondern um Gott in seinen Kindern kennen und lieben zu lernen."[66]

Vorbild für ihre Freundschaften war die Freundschaft Jesu mit seinen Nachfolgern und Nachfolgerinnen.[67] Wie stark das Vorbild der ersten Christen auf ihre Freundschaften einwirkte, zeigt Anna Schlatters Rückblick auf eine Zusammenkunft mit ihren katholischen Freunden während der ersten Reise nach Bayern im Juli 1816: „Es war mir, als wäre ich in einer der ersten Christengemeinden, wenn ich so unter den Brüdern und Vätern zu Tisch saß."[68]

Durch ihre Freunde wuchs Anna über einen rein familiären Wirkungskreis hinaus. Zu ihnen gehörten nämlich Menschen, die für die weitere Entwicklung der christlichen Kirchen Bedeutung gewannen. Ihre Freundschaften erhielten so öffentliche Bedeutung. Durch ihre Freundin Nette wurde deren Vater Lavater ihr Freund. Als Pfarrer von Zürich gehörte er zu den führenden Wegbereitern der Erweckungsbewegung. Anna Schlatter bekam Kontakt zu einem Kreis von katholischen Theologen, die der Allgäuer Erweckungsbewegung angehörten. Einer von ihnen, Johann Michael Sailer (1751–1832), hat ihr geholfen, von einer gesetzlichen Einstellung zu einem Evangelium der Freude und Freiheit zu finden. Sailer wurde später Bischof von Regensburg. Neben ihm gehörten Johannes Goßner, Xaver Bayr und vor allem Martin Boos zu diesem Kreis katholischer Freunde. Zum Teil mußten sie die katholische Kirche verlassen, weil sie in den Verdacht geraten waren, evangelisch zu lehren.

Im Lauf der Zeit entstanden Beziehungen zu fast allen wichtigen Personen der Erweckungsbewegung – bis hin zum Niederrhein und Wuppertaler Land. Der Kontakt zwischen den Freunden wurde vor allem durch eine intensive Briefkultur und durch gegenseitige Besuche gepflegt.

In einem Zeitalter, das den Massentourismus noch nicht kannte, waren Reisen beschwerlich, darum aber auch etwas Besonderes und von großen Erwartungen begleitet. Wenn man sich schon traf, wollte man wesentliche Dinge besprechen. Im Vordergrund standen in einem Kreis von christlich engagierten Männern und Frauen Themen des Glaubens. Nicht nur Anna selbst ging auf Reisen. In ihrem Haus in St. Gallen wurde auch sie regelmäßig von Freunden aufgesucht. Bemerkenswerterweise stand im Zentrum dieser Begegnungen nicht ihr Mann, sondern Anna Schlatter selbst. Zwar ließ sie ihre Familie und ihren Mann Anteil nehmen an diesen Freundschaften. Da er ihre Glaubensauffassung jedoch nicht teilte, blieb sie die entscheidende Gesprächspartnerin. So reifte sie auch aus diesem Grund zu einer eigenständigen Persönlichkeit neben ihrem Ehegatten heran. Diese Eigenständigkeit wurde noch durch die romantische Zeitströmung gefördert, die die Frau als gleichberechtigte Seelenfreundin des Mannes entdeckte.

Annas Wirken als Briefseelsorgerin und Schriftstellerin

Vor allem durch ihre Briefe ist Anna Schlatter bereits zu ihren Lebzeiten bekannt geworden. Eine Reihe von Briefsammlungen erlebte bis in die Nachkriegsjahre hinein ständig neue Auflagen.

Vor der Erfindung des Telefons war der Brief die einzige Möglichkeit, sich über weite Strecken hinweg miteinander auszutauschen. 100 Jahre zuvor hatte die deutsche Sprache durch den Pietismus mit seiner Brieffreudigkeit die Fähigkeit erlangt, auch innere Empfindungen auszudrücken. Von diesen neuen Möglichkeiten legen Anna Schlatters Briefe Zeugnis ab.

Anna verstand ihr Briefeschreiben als Dienst für Jesus: „Es ist wahr, es kann mit Briefschreiben viel Zeit verderbt werden, aber ich glaube und weiß auch, daß viel Segen damit gestiftet werden kann. Alles, also auch das Briefschreiben, tut zu Ehren Gottes!"[69]

Die Briefe haben einen weiten Adressatenkreis. Vor allem steht sie mit ihren aus dem Haus gegangenen Kindern im Briefkontakt, genauso mit ihrer Freundin Nette geb. Lavater und mit den Männern der Allgäuer Erweckungsbewegung. Sie scheut sich nicht, mit Würdenträgern der katholischen Kirche theologische Dispute zu führen, wenn sie damit katholischen Freunden helfen kann, die der falschen Lehre angeklagt sind.[70] Vor allem ist Anna Schlatter in ihren Briefen Seelsorgerin, die entweder auf Anfrage oder von sich aus Hilfestellung zu einem Leben im Glauben gibt.

Sie besitzt die Gabe, sehr anschaulich und voller Humor zu schreiben. Schwierige Probleme vermag sie in großer Schlichtheit und Verständlichkeit auf den Punkt zu bringen. Vor allem verblüfft jeden Leser ihr eigenständiges Urteilsvermögen. Aus allen Zeilen ist zu spüren, daß sie sich selbst mit ihrer ganzen Person mitteilt. Ihre Aufrichtigkeit ist ein wesentlicher Grund für die Anziehungskraft der Briefe Anna Schlatters. Ohne sich selbst zu schonen, berichtet sie immer wieder von durchgestandenen Kämpfen.

Ein gelungenes Beispiel solcher Existenzmitteilung stellen die folgenden Zeilen aus einem Brief an ihre Freundin Nette dar. Anna hatte deren Mann gerade zu einer wichtigen seelsorgerlichen Unterredung getroffen: „Auch Dein ruhiger G., der die unruhige Anna vielleicht durchschaute, aber gewiß nicht zu Ruhe bringen konnte, muß es auch dulden, daß ich ihn innig lieb habe und die Hoffnung hege, wenn er einst in jenen Gefilden der Ruhe einem ruhig heitern, alles um sich her liebenden, unaussprechlich glücklichen Wesen begegne, von dem ihm dann gesagt wird, es sei die jetzt neu Benannte, welche einst Anna hieß, würde er ausrufen: nein, ist's auch möglich, Erbarmer, kannst du so umwandeln, so erneuern, reinigen und mich, ihn preisend, umarmen. Sieh, Liebe, dies Herz schwatzt immer mit den Geliebten so viel von sich selbst, wenn es schon weiß, es sollte nicht. – Doch nun Punktum. Hienieten käm's nie zum Ziele, freudig blick' ich hinüber. – Die Ewigkeit wird auch eine Stunde für mich und Dich haben."[71]

Zur Schriftstellerin wurde Anna Schlatter wider Willen. Sie war erschrocken darüber, als ihre „Mutterworte", die sie ihren aus dem Haus ziehenden Söhnen als geistigen Reiseproviant mitgegeben hatte, im Druck erschienen. An diesem Erschrecken änderte auch die Tatsache nichts, daß Christian Friedrich Spittler aus Basel sie vorher dazu aufgefordert hatte, zu schreiben.

Anna hat auch gedichtet. Einzelne ihrer Lieder gingen in verschiedene Liedersammlungen ein, sogar in einige Kirchengesangbücher. Auch ihre Lieder wollen ihre lebendige Beziehung zum auferstandenen Herrn Jesus Christus ausdrücken. Das folgende Ewigkeitslied ist ein Beispiel für ihre geistliche Dichtung:

Das Grab.

Das Grab ist tief und stille
Und schauerlich sein Rand;
Es deckt mit schwarzer Hülle
Ein unbekanntes Land.

Doch jenseits seiner Schrecken
Wohnt Gott in hellem Licht;
Wird mich daraus erwecken,
Drum fürcht' ich es auch nicht . . .[72]

Anna Schlatter hat nicht ohne Widerstände von seiten ihres Mannes die umfangreiche Korrespondenz führen können. Er muß sich gelegentlich über hohe Portokosten geärgert haben. Anna hat auf diese Vorwürfe sehr klug geantwortet: „Sollen wir des Geldes wegen allen Zusammenhang aufgeben? Ich sage nein, solange ich noch etwas Münze im Beutel habe. Aber kleiner Schrift wollen wir uns befleißigen, damit die Briefe leicht werden, und das Papier soviel als möglich mit etwas füllen, was uns frommt, damit unser Schreiben nicht als etwas Unnützes vor Gott verworfen werde."[73]

Theologische Autodidaktin

Anna Schlatter urteilte als engagierte Laientheologin völlig selbständig. Ihr theologischer Disput mit einem katholischen Würdenträger gibt Aufschluß, woher diese theologische Unabhängigkeit rührte: „Denn der Heilige Geist, welcher dem Glauben zugesagt ist, läßt mich mit eben der Freude und mit eben dem Troste die zwei hinterlassenen Briefe dieses hohen Apostels [Petrus] und seine Reden in der Apostelgeschichte lesen, als ob ich ihn in Person vor mir sähe und die heiligen Worte aus seinem Munde vernähme. Vor mir steht er gleichsam und spricht: Nun erfahre ich in Wahrheit, daß Gott die Person nicht ansieht, sondern unter jedem Volke, wer ihn fürchtet und recht thut, ist ihm angenehm."[74] Anna Schlatter verstand sich als unmittelbar vom Heiligen Geist durch die Worte der Bibel gelehrt. In ihnen vernahm sie die lebendige Stimme der Apostel. Als theologische Autodidaktion hat sie sich ihre gesamte theologische Bildung selbständig erworben. Dabei spielten die Bibel, Freunde und theologische Bücher die wichtigste Rolle. Anna Schlatter hat ja keine Universität besucht.

Viele Briefabschnitte zeigen ihre ausgezeichnete Bibelkenntnis. Sie hat zudem ein außergewöhnlich großes Wissen über die biblische Zeitgeschichte.[75] Die zeitgeschichtliche Kenntnis erleichterte ihr die praxisorientierte Auslegung der biblischen Texte. Dabei übersah sie nicht, daß sie dem Gespräch mit anderen Christen, wie z. B. Michael Sailer, Entscheidendes für ihre theologische und geistliche Erkenntnis verdankte.

In einem Brief berichtet sie, Jung-Stillings „Heimweh" gelesen und mit großem Gewinn auf sich persönlich angewendet zu haben.[76] An anderer Stelle setzt sie sich kritisch mit dem neuesten Buch des bekannten Bremer Theologen Gottfried Menken (1768–1831) auseinander. Sie ist nicht mit dessen Heiligungsverständnis einverstanden und hat Anfragen an seine Vorstellung von der Höllenfahrt Christi.[77]

Noch mit ihren bereits erwachsenen Kindern diskutiert sie theologisch: mit ihrem Sohn Caspar über die Frage nach der Führung Gottes im persönlichen Leben[78] und mit ihrer Tochter Cleophea über die Frage der Liebe und der Vergebung Gottes[79]. Ihre Töchter

Anna und Cleophea hatten sich im Jahre 1818 dem St. Gallener Bauern Hans Jakob Schäfer angeschlossen. Schäfer prophezeite, daß die Endzeit gekommen sei und die Wiederkunft Jesu Christi unmittelbar bevorstünde. Unter dem Einfluß Schäfers meinten Anna und Cleophea, den Glaubensstand der Mutter weit hinter sich gelassen zu haben.

Anna Schlatter mußte in den Auseinandersetzungen mit ihren Töchtern lernen, ihnen völlige Freiheit in Glaubensdingen zu gewähren. Erst nach längerer Zeit durchschauten diese selbst die Fragwürdigkeit der Prophetien Schäfers und versöhnten sich wieder mit ihrer Mutter.

Die Mitte der Theologie Anna Schlatters bildete die Lehre von Jesus Christus. Sie ging dabei von seiner Menschlichkeit aus, was eine Ursache für die Innigkeit ihrer Frömmigkeit war: „Osiander [ein Pfarrer, den Anna auf einer Reise durch Deutschland besucht hat] ging immer von der Gottheit Christi aus und stand voll Ehrfurcht von ferne, ich von der Menschheit Christi und sank in seinen Schoß."[80] Zentrales Motiv des Handelns Jesu war für sie die Liebe. Angesichts der Liebe Jesu Christi verloren die schrecklichen Ereignisse im Weltgeschehen ihre den Glauben in Frage stellende Macht. „Weißt Du nun einen Menschen auf der Welt, auf der ganzen bewohnten Erde, einen Menschen von Adam bis zum Ende der Welt, den Christus nicht geliebt hätte, den Christus nicht lieben wollte, wenn er die Liebe annähme?"[81]

Die in Jesus erfahrbare Liebe Gottes ist die einzige Brücke zu Gott. Darum ist die Vernunft in geistlichen Dingen nicht kompetent.[82] Glaubensgewißheit bekommt ein Mensch nur im Herzen, nicht durch Beweise im Kopf. Anna schrieb an ihren Sohn: „Diese Gewißheit des Glaubens, diese Seligkeit der Liebe schien mir Dir immer noch zu fehlen, Du mußtest ihre Beweise suchen in der Exegese, Du hattest sie nicht im Herzen."[83]

Im Zentrum ihres Christusglaubens stand die durch Christus erwirkte Versöhnung des Menschen mit Gott. Bevor ein Mensch jedoch an die Versöhnung in Jesus Christus glauben kann, muß er seine Schuld erkennen und mit seiner Sünde brechen wollen: Voraussetzung der Versöhnung ist die Höllenfahrt der Selbsterkenntnis.[84]

Daß die Versöhnung für den Glauben Annas entscheidend blieb – bei allem Streben nach dem Halten der Gebote Gottes im Alltag –, zeigt ihre nüchterne Einschätzung der Situation der Gemeinde Jesu Christi. Sie stimmt ganz mit der Beurteilung eines Freundes überein, „daß Jesus Christus schon vor 1.800 Jahren gekommen ist, sein Volk selig zu machen von ihren Sünden, nicht es zu lassen in seinen Sünden, und doch noch alle, alle, ohne Ausnahme, diese Sclavenkette schleppen, und selbst das Volk Gottes, keinen ausgenommen, so elende, arme, sündenbefleckte Leute sind, die gar oft von den Ungläubigen an Tugend und reinen Sitten übertroffen werden."[85] Bereits als junge Frau war ihr gewiß, daß Gott seinen Sohn für die bösen, nicht für die guten Menschen hingegeben hat.[86] Gerade die Tatsache, auch als im Glauben bewährter Mensch noch der Vergebung Jesu Christi zu bedürfen, war ihr ein Beweis für die unüberbietbare Wahrheit der Versöhnungslehre. Ihr entstammte auch die Dynamik von Anna Schlatters Glauben.

Durch den Glauben an Christus bekommt ein Mensch Anteil am lebenschaffenden Geist Gottes. Anna ist mit dem Neuen Testament überzeugt, daß bereits in dieser Welt für den Christen das ewige Leben beginnt: „Du sagst recht daran: Wenn der Geist Gottes mit seinen unsichtbaren Gnadengaben uns nicht die Ewigkeit in die Zeit hineinlegt, so sind wir doch wahrhaftig todt und gleich den Schatten, die an der Wand fliehen."[87]

Der Einsatz für die Ökumene: nicht Protestantin, sondern Christin

Lange vor Beginn der modernen ökumenischen Bewegung trug Anna Schlatters Theologie ökumenische Züge. Ihre Gesinnung tritt am deutlichsten im Briefwechsel mit Domscholasticus Waldhäuser hervor, in dem sie sich für einen befreundeten amtsenthobenen Priester einsetzt. Sie nennt sich darin nicht Protestantin, sondern Christin, weil sie im gemeinsamen Glauben an Jesus den Zentralpunkt aller Konfessionen sieht. Anstatt die dogmatischen Unterschiede zwischen den einzelnen Konfessionen zu betonen, möchte sie diese gar nicht näher kennenlernen, sondern statt dessen um die Einheit der Christen beten und kämpfen. „Statt es Ew. Gnaden von ferne übelzunehmen, mir, wie Sie es nennen, Ihre katholischen Ansichten dargelegt zu haben, verdanke ich es Ihnen vielmehr aufrichtig, und bekenne Ihnen, daß ich mich wenig bemühe, die unterscheidenden Lehren des Protestantismus kennen zu lernen, und mich auch keine Protestantin nenne, sondern vielmehr im heißen Flehen bei dem Oberhaupte aller Kirchen darum kämpfe und bete, daß ich den Namen einer Christin mit Recht zu tragen würdig werden möge."[88]

In den allen Konfessionen gemeinsamen altkirchlichen Glaubensbekenntnissen sah sie zu Recht eine unentdeckte ökumenische Potenz. Sie gab darum die Hoffnung nicht auf, daß es aufgrund dieser Bekenntnisse zu einer Vereinigung der in den verschiedenen Konfessionen getrennten Nachfolger Jesu kommen würde: „Noch nähre ich die Hoffnung, die Zeiten werden sich nähern, wo nicht mehr gefragt werden wird: bist du Paulisch oder Apollisch, sondern bist du christlich? wo wir alle uns noch unseres gemeinschaftlichen Glaubensbekenntnisses, welches von vielen Gliedern aller drei Kirchen täglich gebetet wird: Ich glaube an eine heilige, allgemeine, christliche Kirche, Gemeinschaft der Heiligen usw. auch gemeinschaftlich freuen werden."[89]

Die ökumenische Ausrichtung ihres Glaubens und Denkens wurde noch verstärkt, indem sie die praktische Seite der Frömmigkeit betonte. Es war für sie völlig selbstverständlich, in Not geratenen evangelischen und katholischen Menschen gleichermaßen zu helfen. „Erwägend die Ermahnung unseres Herrn und Heilandes Jesu Christi: alles, was Ihr wollt, daß Euch die Leute thun, das thut ihnen, machte ich es mir von jeher zur Pflicht, Katholiken und Protestanten mit Rath, Hülfe und Trost zu dienen, wo ich konnte, ohne zu fragen: zu welcher Kirche gehörst Du? Nur: was brauchst Du und kann ich helfen?"[90] Anna Schlatter hatte erkannt, daß im gemeinsamen Handeln eine die getrennten Konfessionen einigende Kraft liegt.

Ausgangspunkt einer Erneuerung der Gesellschaft und der Kirche wäre ein Zusammenschluß aller an der Förderung des Guten Interessierten, um das Böse aufzuhalten. „Ach, es ist so eine Zeit der Zusammenhaltung der Bösen, in der sich die Guten auch mehr als jemals an einander anschließen sollten",[91] schreibt sie angesichts der französischen Bedrohung des schweizerischen Vaterlandes.

Überhaupt sollen Christen mehr Kraft darin investieren, das Gute zu pflanzen als das Böse auszureißen. Jesus selbst wollte das Böse mit dem Guten zusammen zur Reife kommen lassen. Seine Nachfolger haben die Aufgabe, seinem Beispiel und seiner Lehre zu folgen: In dieser Weltzeit sollen Menschen mit dem Evangelium von der Liebe Gottes bekannt gemacht werden. Getrost darf man es Jesus überlassen, das Gericht bei seiner Wiederkunft zu halten. „In dieser seligen Hoffnung tragen die wahren Christen mit Geduld ihre ungläubigen und abergläubigen Brüder und wirken nur durch eigenes Beispiel und Lehre, dem Beispiel und der Lehre Jesu ähnlich, dem Bösen entgegen, indem sie sich mehr bemühen, Gutes zu pflanzen, als Böses auszurotten, wohl bedenkend, daß die Waffen ihrer Ritterschaft nicht fleischlich, sondern geistlich sein müssen (2 Cor. 10, 4.), und dieses nur dem Herrn der Tenne zukommt, sie zu säubern und mit Feuer das Unkraut zu verbrennen."[92]

Trotz allem ökumenischen Einsatz gilt: Der Heilige Geist bewirkt die Vereinigung aller an Jesus glaubenden Christen aus den verschiedenen Konfessionen. Allerdings geschieht dies in dieser Welt noch nicht öffentlich sichtbar. Vielmehr sind die an Jesus glaubenden Christen noch unter den übrigen Konfessionsangehörigen verborgen. „Von diesem heil. Geist, der in allen Jahrhunderten wirkte, und alle, für ihn offene Herzen zu seinem Tempel weiht, erwarte ich immer seligere Wirkungen und sehe mit himmlischem Entzücken, wie sich jetzt schon die wahren Christen aller Stände und Religionsparteien [= Konfessionen] unter dem Kreuz dessen, der sie alle mit seinem Blut erkaufte, in Liebe umfassen, und wie diese, jetzt noch der Welt verborgene Gemeine einst siegreich mit ihrem Haupte in Friede und Freude regieren und alles gleichgesinnte an sich ziehen wird, nach den vielen Verheißungen Jesu und seiner Apostel."[93] Dieser Vereinigung der wahren Christen aus allen Konfessionen dienten auch Anna Schlatters ökumenische Besuchsreisen, die sie gleichermaßen zu deutschen Protestanten wie zu Katholiken führten.[94]

Auch an dieser Stelle hat sie Teil an der Geisteslage der beginnenden Erweckungsbewegung. Mit der Rückbesinnung auf den allen Konfessionen gemeinsamen Christusglauben waren im Kampf gegen den Atheismus der Französischen Revolution die konfessionellen Unterschiede zurückgetreten. Trotz ihres Kampfes für die Einheit hat Anna die Unterschiede zwischen den verschiedenen Konfessionen nicht übersehen. Ihr war durchaus bewußt, daß in der reformierten Schweizer Kirche im Gegensatz zur katholischen Konfession ihrer Zeit kein Gewissenszwang auf die Mitglieder ausgeübt wurde.[95]

Der Anteil am Aufbruch der inneren und äußeren Mission

Zum Schluß soll noch ein kurzer Blick auf Anna Schlatters Engagement in der Inneren und Äußeren Mission geworfen werden. Sie nahm bereits als Jugendliche Anteil am Glaubensaufbruch ihrer Zeit. Alle Nachrichten darüber interessierten sie brennend. Die Hoffnung, daß Gott zu ihrer Zeit viel tun würde, war ein Grund für die Dynamik ihres Glaubens, der sich im praktischen Engagement für die Notleidenden ihrer Zeit bewährte.[96] Allerdings wich dieser Optimismus im Gefolge der napoleonischen Herrschaft über Europa einer nüchternen, eher pessimistischen Sicht der Weltentwicklung. Sie erwartete während Napoleons Siegeszug durch Europa das Auftreten der antichristlichen Weltmacht der letzten Zeit.[97]

Das hinderte sie aber nicht daran – als 1816/17 in der Schweiz eine schwere Mißernte und große Arbeitslosigkeit zu Hungersnot und wirtschaftlicher Armut geführt hatten – ihren Freundeskreis am Niederrhein und im Wuppertal zu tatkräftiger Hilfe zu mobilisieren. Sie erhielt große Spenden, die sie an in Not geratene St. Gallener Mitbürger verteilte. Dabei wurde sie nie zur diakonischen Funktionärin. Das große Elend ging ihr so nahe, daß sie davon ihren Glauben in Frage gestellt sah. Es spricht für die Größe dieser Frau, sich zu diesen Glaubenszweifeln bekannt zu haben: „Ich muß mich mit aller Kraft des Gebets dagegen stemmen, daß der Unglaube an die Liebe Gottes auf keine Weise in mein Herz einschleiche."[98] Weil Zweifel an der Güte Gottes nur ihre praktische Hilfe für die Notleidenden gelähmt hätten, überwand sie diese und verwandelte sie in neue Kräfte für ihr diakonisches Engagement.

Anna Schlatter hat sich auch für die Verbreitung der Bibel und geistlicher Literatur eingesetzt. Die Erweckungsbewegung hat eine intensive und weitausgreifende Schriftenmission begründet. Christliche Handwerker kolportierten auf ihren Wanderungen geistliches Schrifttum in alle Gegenden Europas. Anna Schlatter lag daran, daß die Bibel besonders unter Katholiken verbreitet und gelesen wurde. Im Katholizismus entstand eine vorher nicht gekannte Bibelbewegung. Die Mittel für die Schriftenmission stammten wiederum aus ihrem auswärtigen Freundeskreis.

Sie nahm schließlich Anteil am Aufbruch des Protestantismus in das Zeitalter der evangelischen Weltmission. Besonders die zu Beginn des 19. Jahrhunderts gegründete Basler Mission hatte daran maßgeblichen Anteil. Anna Schlatter war mit ihrem Gründer Christian Friedrich Spittler und den anderen führenden Männern dieser Mission freundschaftlich verbunden. Ein von ihr gegründeter Frauenmissionsverein versammelte sich regelmäßig in ihrem Haus, um für die Anliegen der Mission zu beten und Geld zu sammeln.

Anna Schlatter – ein Heiligenbild?

Der berühmte Tübinger Neutestamentler Adolf Schlatter ist einer der vielen Enkel Anna Schlatters. In seiner Autobiographie „Rückblick auf meine Lebensarbeit" schreibt er, was die Großmutter für sein Elternhaus bedeutet hat: „Die Erinnerung an die Großeltern wurde im elterlichen Hause dankbar gepflegt; für mich war dabei bedeutsam, daß sie von jeder Verherrlichung der Menschen gereinigt blieb. Zu einem Heiligenbild wurde die Großmutter bei uns nicht gemacht. Sie hat durch ihre Liebe in ihrem Sohne [Adolf Schlatters Vater] die Liebe geweckt, sie aber auf Jesus gerichtet, wodurch sie von jedem schwärmerischen Zusatz befreit geblieben ist."[99] Auch meine Ausführungen zu Anna Schlatter sollen sie nicht zu einem Heiligenbild machen, sondern als engagierte Christin von großer Menschlichkeit erkennen lassen. Statt sich in ein Ghetto frommer Innerlichkeit zurückzuziehen, stand sie mitten in den geistigen und politischen Auseinandersetzungen ihrer Zeit. Aus eigener Initiative ist sie beherzt für zu Unrecht verfolgte katholische Freunde eingetreten und hat Mittel und Wege gefunden, um in Not geratene Mitbürger materiell zu unterstützen. Weiter Horizont, unabhängiges

Urteilsvermögen und die Sehnsucht nach Gemeinschaft mit den Kindern Gottes aus allen Konfessionen ließen diese reformierte Christin zu einer der ersten ökumenisch gesinnten Frauen werden.

Weiterführende Literatur

Werner Neuer, Adolf Schlatter. Ein Leben für Theologie und Kirche, Stuttgart 1996, S. 3–10.

FRIEDERIKE FLIEDNER (1800–1842)

und das Amt der Diakonisse: Die Frau auf dem Weg zum selbständigen Beruf

Friederike Fliedners Lebenslauf

Friederike Fliedner gehört zu den großen christlichen Frauen des 19. Jahrhunderts, die weithin vergessen sind. Sie wurde am 25. Januar 1800 im hessischen Braunfels als Tochter eines Lehrers geboren. Als sie 16 Jahre alt war, starb ihre Mutter. Der Vater wurde Rentmeister, Kastellan und Schultheiß auf der fürstlichen Domäne Altenberg bei Wetzlar und heiratete Magdalene Böttger, eine Hofdame der Fürstin. Gestorben ist Friederike Fliedner am 22. April 1842 in Kaiserswerth nach der Geburt eines toten Knaben.

Alle Lebensdaten Friederikes weisen darauf hin, daß sie wie Juliane von Krüdener und Anna Schlatter zur Erweckungsbewegung gehörte.

Durch die Evangelisation eines jungen Missionars aus dem Basler Missionshaus, dem Braunfelser Tuchmacher Ludwig Göbel, wurde Friederike Fliedner tief ergriffen. Auch wenn sie bereits seit frühester Jugend die Bibel las, ihre Tagebuchblätter und Briefe „voll Bibel" waren, wurde sie erst durch diese Evangelisation zu einem Leben im praktischen Dienst der Nächstenliebe bereit. Seit 1826 arbeitete sie in einem Werk der Inneren Mission, das im Zusammenhang mit der Erweckungsbewegung entstanden war. Es war die sog. Rettungsanstalt Düsselthal bei Düsseldorf, wo sie als Erzieherin verwahrloster Mädchen wirkte. Als Folge eines Streits um die Zuständigkeiten des Gründers der Anstalt wurde Friederike gekündigt, weil sie sehr offen ihre Meinung gesagt hatte.

Drei Tage vor der Entlassung, am 14. Januar 1828, erhielt sie einen Brief von Pfarrer Theodor Fliedner aus Kaiserswerth, in dem dieser um ihre Hand anhielt. Am 15. April 1828 fand die Trauung statt und bereits am 28. April begann ihr Leben als Pfarrfrau in Kaiserswerth. Bis zu ihrem Lebensende hat sie 11 Kindern das Leben geschenkt, von denen jedoch nur wenige das Erwachsenenalter erreichten.

Kirchengeschichtlich bedeutsam wurde Friederike Fliedner aus folgendem Grunde: Am 17. September 1833 gründete Theodor Fliedner ein Asyl für entlassene weibliche Strafgefangene. Unterstützt von seiner Frau wollte er Strafentlassenen den Wiedereintritt in das bürgerliche Leben erleichtern. Mit dieser Gründung beginnt die Erziehungsdiakonie der Neuzeit. Dabei blieb es aber nicht: Am 1. Mai 1836 wurde eine Kleinkinderschule eröffnet, d. h. ein Kindergarten, der im Gartenhaus des Pfarrgartens untergebracht war.

Mit der Gründung des Rheinisch-Westfälischen Diakonissenvereins am 30. Mai 1836 wird schließlich die Voraussetzung für den Beginn der Pflegediakonie gelegt. Sie wird am 13. Oktober 1836 mit der Bildungsanstalt für Evangelische Pflegerinnen in Kaiserswerth eröffnet. Damit ist der Beruf der modernen Krankenschwester geschaffen. Nach vergeblichen Versuchen, eine geeignete Frau für die Leitung zu finden, übernimmt Friederike Fliedner am 12. Januar 1837 das Amt der Vorsteherin in dem werdenden Diakonissenmutterhaus.

Zwischenzeitlich war am 31. Oktober 1836 das Kleinkinderlehrerinnen-Seminar eröffnet worden. Fortan gibt es die ausgebildete Kindergärtnerin oder Erzieherin, wie wir heute sagen.

Bereits zwei Jahre später, im Januar 1839, fahren die Fliedners mit zwei bei ihnen ausgebildeten Krankenschwestern nach Elberfeld zur Übernahme der Pflege im dortigen Bürgerkrankenhaus. Vom 15. bis 30. Oktober 1839 macht sich Frau Fliedner mit Schwestern nach Frankfurt auf, um die Pflege im Versorgungskrankenhaus zu reformieren. Vom 21. September bis 23. Oktober 1840 weilt sie in Kirchheim-Teck, um Pflege und Haushalt des Wilhelmshospitals in Kaiserswerther Hände zu nehmen. Im Oktober 1841 bereitet Friederike in Kreuznach und in Saarbrücken die Übernahme der Pflege im Hospital bzw. Bürgerkrankenhaus durch jeweils zwei Kaiserswerther Schwestern vor. Unmittelbar vor ihrem Tod wird am 3. April 1842 noch ein Waisenhaus in Kaiserswerth eröffnet.

Die Gründung des Asyls für weibliche Strafgefangene, der Kleinkinderschule, der Kankenpflegerinnenschule, des Diakonissenmutterhauses, des Kleinkinderlehrerinnen-Seminars und des Waisenhauses zeigen die weitgespannten diakonischen Interessen Theodor und Friederike Fliedners. Als Pioniere der modernen Diakonie betraten sie weithin Neuland. Um so mehr überrascht die Fülle von Neugründungen innerhalb nur eines Jahrzehnts. Im folgenden soll uns vor allem der Anteil Friederike Fliedners an diesem beispiellosen diakonischen Aufbruch beschäftigen.

Friederike Fliedner als Bahnbrecherin für ein neues Verständnis der Rolle der Frau

Nach allem, was wir von Friederike Fliedner wissen, ist sie eine eigenständige und eigenwillige junge Frau gewesen. Sie hielt auch dann nicht mit ihrer Meinung zurück, wenn ihr dies schaden konnte. Das hatte sie zum ersten Mal erlebt, als sie in Düsselthal entlassen wurde. Trotzdem war die Zeit in Düsselthal eine wichtige Vorbereitung für ihre spätere Tätigkeit als Vorsteherin der Kaiserswerther Diakonissenanstalt.

Ihr Engagement im Bereich der Diakonie hatte sogar noch weiter zurückreichende Wurzeln: Bereits in ihrer Jugend wurde sie mit dem Problem von Krankheiten und Seuchen konfrontiert. Allein 1813 war jeder 13. Bewohner ihrer Heimatstadt Braunfels vom Flecktyphus dahingerafft worden; 1816 starb ihre Mutter an dieser Krankheit. Es lag daher nahe, daß sie etwas zur Linderung und Überwindung der Krankheiten und Seuchen tun würde, wenn sich eine Gelegenheit dazu bot.

Nach ihrer Entlassung in Düsselthal wäre sie gerne Betreuerin im Frauengefängnis von Düsseldorf geworden. Doch dies hatte ihre Familie verboten. Für eine ledige Frau aus dem Bürgertum gehörte es sich damals nicht, einen eigenständigen Beruf zu ergreifen. Friederike sollte in ihre Familie zurückkehren oder in einem vornehmen Hause als Gesellschafterin arbeiten. Als sie später zusammen mit ihrem Mann das Amt der Diakonisse schuf, hat sie eine Antwort auf das damalige Berufsproblem der ledigen Frau gefunden.

Für Friederike war der Heiratsantrag ihres späteren Mannes eine Lösung aus der Sackgasse, in die sie hineingeraten war. Er kam ganz unerwartet und war ihr zeit ihres Lebens ein freundliches Zeichen der Güte Gottes.[1] Eingestellt auf die Härte und den Ernst eines Lebens als ledige Frau, hatte sie – wie sie einer Freundin schrieb – gar nicht mehr an eine Freundlichkeit des Lebens wie die Ehe gedacht. Sie bot ihr die große Chance, ihre außergewöhnlichen Begabungen zu entfalten.

In seinem Werbebrief umreißt Fliedner den Rahmen der Ehe, wie er sie mit Friederike einmal führen möchte. Als Pastorin sei es ihre Aufgabe „mehr für andere als für sich [zu] leben und [zu] sorgen". Sie soll „außer der Erfüllung ihrer hausmütterlichen Pflichten in gewisser Hinsicht Gemeindemutter sein, Arme und Kranke mit Liebe pflegen helfen und in diesem Seelsorgen ihre Freude finden".[2] Theodor Fliedner verstand ihre Ehe also als Dienstgemeinschaft für die Gemeinde. Voraussetzung dafür war die Öffnung der Kleinfamilie für andere. Im Rahmen einer so verstandenen Ehe hat das Wirken nach außen Priorität gegenüber der Beziehungspflege: „Wenn Pflichten gegen Weib und Pflichten gegen den Herrn in Kollision kommen, so ist es sowohl göttliches Gebot als auch mein ernster Vorsatz, den letzteren Pflichten alle anderen nachzusetzen und somit des Apostels Meinung zu erfüllen: Die da Weiber haben, daß sie seien, als hätten sie keine ...".[3]

Dieser Satz wurde in der Vergangenheit leider von vielen Männern, die in Kirche und Gemeinschaft hauptberuflich tätig waren, mißbraucht. Statt sich auf nötige Auseinandersetzungen mit der eigenen Familie und der Fürsorge für sie einzulassen, floh man in die „Reichs-Gottes-Arbeit".

Neben die Definition der Ehe als Dienstgemeinschaft tritt bei Fliedner die Unterordnung der Frau unter den Mann. Allerdings ist diese Unterordnung für ihn nur dann von Paulus geboten, wenn sich die beiden Ehepartner nicht auf eine gemeinsame Entscheidung in praktischen Fragen einigen können. Hören wir selbst, was er in seinem Heiratsantrag schreibt: „Eine Eigenschaft von mir darf ich nicht unberührt lassen, daß ich nämlich das Recht des Mannes, Herr im Haus zu sein, mit Festigkeit zu behaupten gewohnt bin. Dies lautet abschreckend, ich muß mich daher näher erklären. Auch ich halte es für christliche Pflicht der Ehegatten, daß sie wechselseitig einander zuvorkommen in Nachgiebigkeit, Sanftmut, Gefälligkeit und

Dienstfertigkeit, und jeder lieber des anderen Willen als den seinen tue. Allein es kann im engen Zuammenleben Fälle geben, und es gibt solche in jedem, wo in streitigen irdischen Dingen jeder Ehegatte das Recht glaubt auf seiner Seite und das beste erwählt zu haben, und doch nur einer der beiden verschiedenen Willen ausgeführt werden kann. In solchen Fällen glaube ich nun, daß der Wille des Mannes vorzugsweise gelten und die Frau nachgeben müsse, nach menschlichem und göttlichem Recht, wenn das Wort anders irgendeinen Sinn hat: daß die Weiber ihren Männern untertan sein sollen, und ich halte in solchen Fällen auf Ausübung der Rechte des Mannes, natürlich solange nur, bis ich eines besseren überzeugt werde."[4]

Es geht Theodor Fliedner also um eine Unterordnung der Frau in einem sehr eingeschränkten Bereich – und darin auch nur zeitlich begrenzt. Man hat den Eindruck, daß diese Unterordnung lediglich Reibungsverluste zwischen den Ehepartnern eindämmen und das Funktionieren der Ehe als Dienstgemeinschaft gewährleisten soll. In damaliger Zeit waren dies durchaus fortschrittliche Gedanken.

Friederike und ihr Mann haben sich viele Briefe geschrieben, da Theodor Fliedner häufig längere Zeit von zu Hause abwesend war. Aus diesen Briefen ist zu entnehmen, daß sie in Liebe verbunden waren. Ihr liebevolles Miteinander sollte Vorbild werden für das Zusammenleben der Diakonissen im Mutterhaus.

Daß Friederike sehr mutig ihre eigene Meinung vertreten konnte, zeigt auch ein Brief aus dem Jahr 1835. Als der damalige preußische König die Union zwischen lutherischen und reformierten Gemeinden befahl und dafür eine gemeinsame Gottesdienstordnung ausgearbeitet hatte, schrieb sie: „Darum habe ich auch Fliedner unaufgefordert versprechen können, daß ich ihm, wenn die Synode schlecht ausfällt – was ich fast glaube bei der allgemeinen Menschenfurcht, die dem Herrn Klerus anklebt –, die Ohren nicht voll zu weinen, sondern ruhig mitleiden, was der Herr sendet."[5] Friederike fordert ihren Mann hier zum Widerstand gegen die staatliche Kirchenleitung auf. Sie war also nicht nur eine liebevolle Ehefrau, sondern auch eine mutige und charaktervolle Partnerin und Mitstreiterin ihres Mannes.

Von Beginn ihrer Ehe an hatte sie eine Fülle von Aufgaben zu bewältigen. Als Pfarrfrau stand sie einem kleinen Wirtschaftsbetrieb vor, der weitgehend die Versorgung des Pfarrhaushalts mit Lebensmitteln ermöglichen sollte.[6] Dabei herrschte in diesem Pfarrhaus ein Hauch von Askese. Man war bescheiden in der Kleidung, besuchte keine weltlichen Abendveranstaltungen und behielt den ganzen Sonntag der Feier des Gottesdienstes vor. Selbst konsequent in einer geistlich orientierten Lebensführung, wollte man aber auf keinen Hausgenossen einen Gewissenszwang ausüben, sondern hielt jedem die Möglichkeit offen, das Haus zu verlassen, damit niemand zum Heuchler zu werden brauchte.[7]

Das gemeinsame Ziel der Eheleute war, „vereint das Himmelreich an sich zu reißen" und in dieser Hinsicht auch Vorbild für andere zu sein. Wenn in Kaiserswerth eine Pflanz- und Bildungsstätte des neuzeitlichen Diakonissenamtes entstehen konnte, war die Ehe Theodor und Friederike Fliedners die Voraussetzung dafür. Die im Pfarrhaus lebende Großfamilie bildete das pädagogische Lernfeld, aus dem das Diakonissenmutterhaus erwuchs. Das gleiche Phänomen haben wir bereits im Hinblick auf das Grafenhaus der Zinzendorfs für die Entwicklung der Herrnhuter Brüdergemeine beobachtet.

Friederike Fliedners Bedeutung als Bahnbrecherin für ein neues Verständnis der Rolle der Frau in Kirche und Gesellschaft muß hoch veranschlagt werden. Ihr Vorbild ist auch heute noch von ungebrochener Aktualität, weil sie als eine der ersten Frauen der Neuzeit Spannungen aushalten mußte, die immer noch das Leben vieler Frauen prägen. Es waren vor allem fünf Spannungsfelder, in denen sich ihr Leben entfaltete:

Als Ehefrau sollte sie einerseits Gehilfin ihres Mannes sein, bereit, sich ihm unterzuordnen. Andererseits war sie gleichberechtigte Partnerin, die ihn über lange Zeiträume in seinen Ämtern vertrat und mit ihren Anregungen und ihrem Mut für seine Arbeit unverzichtbar war. Bei allem aber sollte sie die allzeit liebende Frau ihres Mannes bleiben.

Als Pfarrfrau sorgte sie für das reibungslose Funktionieren eines großen Haushaltes, einer geöffneten Familie, in der ständig Gäste aus und ein gingen, die zum Teil auch für längere Zeit dort mitlebten. Gleichzeitig hatte sie als Mutter für eine große Zahl heranwachsender Kinder die Aufgabe, diesen ihre besondere Zuwendung zu schenken.

Zum Ehefrau- und Muttersein trat ihre Arbeit als Berufstätige. Die Aufgabe als Vorsteherin der werdenden Kaiserswerther Diskonissenanstalt forderte sie so, daß sie die Kinder – wie eine moderne berufstätige Mutter auch – in den gerade gegründeten Kindergarten geben mußte. Häufig war sie zu Dienstreisen außerhalb Kaiserswerths unterwegs. Einerseits sollte sie als Vorsteherin selbständige Entscheidungen fällen, auch als Kritikerin ihres Mannes wirken, andererseits aber sich ihm unterstellen, wenn es die Situation erforderte.

Ein letztes Tätigkeitsfeld, gleichzeitig ein weiterer Spannungsbereich ihres Lebens, war ihre Aufgabe, Seelsorgerin der ihr anvertrauten Diakonissen zu sein. Einerseits fühlte sie sich als persönliche Vertraute der Diakonissen, andererseits war sie verpflichtet, über ihre Gespräche und Eindrücke dem Inspektor der Diakonissenanstalt, also ihrem Mann, Bericht zu geben.

Eine andere Frau wäre in diesen Spannungen möglicherweise zerrieben worden. Friederike Fliedner schaffte es, gerade in diesen sich auf vielfältige Weise überschneidenden Spannungsfeldern vorbildhaft als Frau, Pfarrfrau, Mutter, Vorsteherin und Seelsorgerin tätig zu sein. Damit hat sie der berufstätigen christlichen Frau einen Weg gewiesen: Es ist möglich, die verschiedenen Rollen in sich zu vereinen, ohne sich als Frau untreu zu werden.

Das Amt der Diakonisse

Theodor Fliedner war überzeugt, daß „das Diakonissenamt schon in der apostolischen Kirche so seinen Ursprung genommen ... Der Apostel Paulus nennt in Römer 16, 1 ausdrücklich die Phöbe als Dienerin, als am Dienst der Gemeinde zu Kenchreä, und rühmt von ihr, daß sie vielen Beistand getan habe, auch ihm selbst. Dies Amt, das endlich untergegangen war, ist durch Gottes Gnade wieder jetzt ... erneuert worden ..."[8] Fliedner wollte mit der Einrichtung des Diakonissenamtes also nicht am katholischen Ordenswesen anknüpfen, sondern über dieses hinweg das urchristliche Diakonissenamt erneuern.

Wie jede echte Erneuerungsbewegung in der Kirche ist auch die Neugründung des Diakonissenamtes vom Neuen Testament inspiriert. Dabei entstand jedoch etwas völlig Neues. Der moderne Diakonissenberuf war eine Antwort auf gesellschaftliche Herausforderungen der beginnenden Industrialisierung: Die ledige Frau erhielt als Diakonisse die Möglichkeit, einen selbständigen Beruf zu erlernen und auszuüben. Der besondere gesellschaftliche Hintergrund ist einer der Gründe, weshalb in den folgenden 100 Jahren Tausende von ledigen Frauen in Diakonissenmutterhäuser eintraten.

Mit der Begründung des Diakonissenamtes war ein wichtiger Schritt auf dem Weg der Gleichstellung der ledigen mit der verheirateten Frau getan und zudem eine wesentliche Voraussetzung für die Gleichberechtigung mit dem Mann erfüllt. Das zeigen sowohl die Höhe des Gehalts als auch die Kleidung der Diakonissen. Auch wenn das Gehalt nicht die Motivation dafür sein sollte, den Beruf der Diakonisse zu ergreifen, war es doch ansehnlich im Vergleich mit der Entlohnung der übrigen weiblichen Beschäftigungen in damaliger Zeit.[9] Die Kleidung unterschied sich nicht von der verheirateter Frauen. Sie entsprach der Tracht der mittelständischen Bürgersfrau der damaligen Zeit.

Vor allem sollten die Diakonissen nach der Probezeit „kein unauflösliches Nonnengelübde" ablegen. Auch hier merkt man Fliedners Bemühen, an das neutestamentliche Amt der Diakonin anzuknüpfen, wo nichts von ewigen Gelübden berichtet wird. Die Diakonissen wurden auf fünf Jahre verpflichtet, wobei bei wichtigen Gründen ein früheres Austreten möglich war. Die spätere Entwicklung ist über dieses Ziel, das sich Theodor und Friederike Fliedner gesetzt hatten, hinausgegangen. Aus dem Engagement für fünf Jahre wurde die lebenslängliche Verpflichtung.

Theodor Fliedner wollte mit dem Diakonissenamt ledigen christlichen Frauen vor allem einen eigenen Wirkungsbereich im Bereich der Gemeinde eröffnen. „Ich bedarf nur mit einem Wort zu berühren, ... daß es hier gilt, diejenigen weiblichen christlichen Kräfte, die bisher vereinzelt und ohne hinreichenden Wirkungskreis durch strafbare Nachlässigkeit von uns Männern geblieben waren, in einem Brennpunkt zu sammeln und für das Reich Gottes dienstbar zu machen; eine Schar einheimischer Missionarinnen zu bilden, die die Barmherzigkeit Christi den verlassenen Kranken, den verwahrlosten Kindlein, den gesunkenen Armen, den verirrten Gefangenen eines ganzen Landes nahebringen ..."[10]

Fliedner beschränkte den Wirkungsbereich der Diakonisse also nicht auf die Krankenpflege. Er sollte auch die Erziehung von Kindern, die Gefangenenbetreuung und die Armenpflege umfassen. Dabei verstand er ihre Aufgabe nie als bloß soziale Tätigkeit. Auch in ihrem praktischen Beruf sollten sie „für das Reich Gottes" wirken. Jesus selbst sollten sie in den Kranken, Armen, Kindern und Gefangenen pflegen.[11] Es ging um die leibliche Pflege und gleichzeitig das Stillen geistlicher Bedürfnisse der Betreuten. Gegenwärtige Diakonie hat sich weit von ihren Ursprüngen entfernt, wenn sie nur noch eine qualifizierte „Leibsorge" anbieten will.

Damit die Diakonissen ihr Amt wirklich erfüllen konnten, hat Fliedner ihnen einen klar gegliederten Tagesplan vorgegeben.[12] Dabei fällt auf, daß am Morgen und am Abend gottesdienstliche Versammlungen stattfanden. Die Schwestern sollten dadurch mit neuer Kraft und Motivation aus dem Evangelium erfüllt werden. Aber auch für den Leib wurde gesorgt: Der tägliche Spaziergang war obligatorisch.

Eine frühe evangelische Frauengemeinschaft – das Diakonissenmutterhaus von Kaiserswerth

Welchen Anteil hatte Friederike Fliedner an der Einrichtung der Diakonissenanstalt? Sie war es, die ihren Mann dazu ermutigte, ein eigenständiges Haus für diese Arbeit in Kaiserswerth zu erwerben. Friederike war für die Inneneinrichtung des neuen Hauses zuständig. Damals konnte man Matratzen, Federbetten, Kopfkissen und ähnliches nicht im Kaufhaus erwerben, sondern mußte alles per Handarbeit fertigen. Sie sorgte dafür, daß die ersten Pflegerinnen rechtzeitig einziehen konnten.

Da verschiedene angefragte ledige Frauen das Amt der Vorsteherin des neuen Diakonissenhauses nicht übernahmen, wurde Friederike die erste Vorsteherin. Heute würde man einen Teil ihrer Aufgabe als Pflegedienstleitung umschreiben. In dieser Funktion rang sie mit ihrem Mann um Gestalt und Kompetenzen des neuen Amtes. Sie vertrat gegenüber dem hierarchischen Verständnis ihres Mannes einen mehr genossenschaftlichen Ansatz. Es ist bewegend zu lesen, wie Friederike mit ihrem Mann über dessen „Instruktion für die Vorsteherin der Diakonissenanstalt" stritt. So hat sie zu beinahe jedem Paragraphen ihre eigenen Vorstellungen und Vorschläge schriftlich niedergelegt.[13] Hier trugen ihre praktischen Erfahrungen aus Düsselthal Frucht.

Ursprünglich scheint auch Theodor Fliedner an eine gewisse Selbstverwaltung der Schwesternschaft gedacht zu haben. Das geht aus seinem Brief an eine gewisse Frau Reichardt hervor, die er als Vorsteherin der Diakonissenanstalt gewinnen wollte. Schließlich setzte er jedoch das mehr hierarchische Modell durch. Die Vorsteherin wurde verpflichtet, alles dem Inspektor – also Theodor Fliedner – zu melden, was sich an ungeordneten Dingen innerhalb der Gemeinschaft der Schwestern ergab. Obwohl Friederike Fliedner sich von ihrem christlichen Selbstverständnis durchaus als Gehilfin ihres Mannes sah, die in seinem weitverzweigten Wirkungsbereich mitarbeitete, ist ihr dies nicht leicht gefallen. Es war ihr besonders schmerzlich, daß sie fortan die vertraulich geführten Gespräche mit der Schwesternschaft in ein ihrem Mann einsehbares Buch eintragen mußte.

Trotzdem gelang es ihr, dem Gemeinschaftsleben der Schwesternschaft zur Selbständigkeit zu verhelfen. Bei dessen Gestaltung stand ihr als Ziel eine umfassende Herzensbildung der Schwestern vor Augen: Die Schwestern würden einmal außerhalb der Diakonissenanstalt von Kaiserswerth aufreibende Pionierarbeit zu leisten haben.[14] Dafür waren nur charakterstarke und reife Persönlichkeiten geeignet.

Friederike Fliedner hat beim Aufbau der ersten Kaiserswerther Frauengemeinschaft Großartiges geleistet. Erstmals in der Geschichte des Protestantismus verbanden sich unter ihrer Leitung junge Frauen zu einer verbindlichen Lebensgemeinschaft auf Zeit. Mit allen ihr zu Gebote stehenden Mitteln bemühte sie sich darum, die spezifischen Anliegen der Frau zu berücksichtigen. Ihre Biographin Anna Sticker schreibt: „Mit der Gestaltung einer Frauengemeinschaft im Bereich der evangelischen Kirche wurde ja Neuland betreten. Friederike Fliedner, eine Frau von innerer Freiheit und großer Menschlichkeit, wußte: Je straffer die Ordnungen angezogen werden, desto leichter gerät eine Frau in Abhängigkeit von ihnen. Sie wußte ferner, wie sich Frauen unter sich anders geben als gegen den Vorsteher. Darum müssen die inneren Angelegenheiten einer Frauengemeinschaft mit ‚Frauenaugen‘ gesehen werden."[15]

Das Gemeinschaftsleben im Rahmen des Diakonissenhauses hatte einen großen Stellenwert. Darauf deutet etwa die Einrichtung besonderer Schwesternversammlungen hin (§ 38 der Hausordnung). Das Mutterhaus sollte den Diakonissen zur Heimat werden, die Direktion wie Eltern betrachtet werden. Die Vorsteherin wurde Mutter genannt. Sie sollte mütterliche Freundin und Ratgeberin der übrigen Diakonissen sein. Damit kam ein menschlich-warmer Ton in das Zusammenleben der Schwestern hinein. Ihrerseits sollten sie wie Mütter für ihre Kranken sorgen, ein für die damalige Krankenpflege revolutionärer Gedanke.[16] Die Ordnung des Hauses sollte den Rahmen bilden für eine Gemeinschaft, die von der Liebe Christi regiert wurde. Sie hatte nur die Aufgabe, der egoistischen Willkür einzelner einen Riegel vorzuschieben. Selbst die Macht der Vorsteherin war keine uneingeschränkte. Auch wenn sie von Theodor Fliedner als nächste Obrigkeit der Schwestern und damit als „Stellvertreterin Gottes" gesehen wurde, war doch eine Beschwerde über sie von seiten der Schwestern an den Inspektor möglich (§ 14f der Hausordnung).

Theodor und Friederike Fliedner verstanden die Diakonissenanstalt als „Werk der göttlichen Vorsehung", „als Pflegling christlicher Menschenliebe" und als „Schule des Heiligen Geistes".[17] Indem Fliedners das Diakonissenmutterhaus als Schule des Heiligen Geistes bezeichneten, war deutlich seine Funktion als Pflanzstätte des Glaubens und des Reiches Gottes ausgesprochen. Gebet und Arbeit sollten nach alter benediktinischer Regel den Alltag prägen. Darum kämpfte man gegen jeden übertriebenen, ungeistlichen Arbeitseifer (§ 41 der Hausordnung).

Kein Zweifel, Friederike Fliedner hat durch ihre engagierte Mitarbeit als Vorsteherin in der Diakonissenanstalt Akzente gesetzt und Impulse gegeben, die später nicht mehr zu überbieten waren. In der

Würdigung ihres Lebenswerkes schrieb Anna Sticker: „Friederike Fliedner hat durch ihr Verständnis für den Planreichtum des Mannes und durch ihre große Arbeitsleistung seine Ideen verwirklicht. Sie hat die Stellung der Pflegerinnen und die verschiedenen Zuständigkeiten geordnet. In persönlichem Einsatz hat sie dem Pflegeberuf zur Eigenständigkeit gegenüber Ärzten und Pfarrern, Verwaltungen und Behörden geholfen. In dem Nachruf für seine Frau rühmt Fliedner ihr Verwaltungstalent und ihre vielseitige Haushaltungskenntnis, ihre pflegerischen Gaben und ihre erzieherischen Fähigkeiten. Vor allem rühmt er ihre Klarheit und Festigkeit, mit der sie für Frauen und ihre evangelische Freiheit eintrat."[18]

Wahrscheinlich hat Friederikes früher Tod (1842) verhindert, daß sich ihre Vorstellungen noch stärker in der Mutterhausdiakonie durchgesetzt haben. Denn die zweite Frau Fliedners hat stärker das Bild der Diakonisse als gehorsame Gehilfin des Mannes und der von ihm geprägten Arbeitswelt betont.

Mit Friederike Fliedner betrat eine Frau die Bühne der evangelischen Kirche, die der evangelischen Frau endgültig den Weg zu verantwortlicher Tätigkeit in Kirche und Gesellschaft bereitet hat. Daß sie dabei Ehe, Familie und engagierte Berufstätigkeit miteinander zu verbinden vermochte, war ein echter Glücksfall der Kirchengeschichte.

Weiterführende Literatur

Es gibt drei vorzügliche Bücher über Friederike Fliedner, die alle Anna Sticker, selbst Kaiserswerther Diakonisse, verfaßt hat. Zunächst das ausführlichste Werk: Friederike Fliedner und die Anfänge der Frauendiakonie. Ein Quellenbuch, Neukirchen 1961. Eine Kurzfassung davon ist: „... und doch möchte ich nur meinem Sinn folgen ..." Friederike Fliedner. Stifterin der Kaiserswerther Diakonissenanstalt, Offenbach 1986, und schließlich eine Bildbiographie: Theodor und Friederike Fliedner, Wuppertal 1989.

DORA RAPPARD-GOBAT (1842–1923)

Die Mutter von St. Chrischona
Aufbruch zu „Gehilfenschaft" und Kampf
um die Erhaltung der „Weiblichkeit"

Dora Rappard (1842–1923) hat das Frauenbild der Gemeinschaftsbewegung maßgeblich geprägt. Sie gehört zu den bedeutendsten Frauen der christlichen Gemeinde ihrer Zeit. Wirksam wurde sie vor allem durch eine weitverzweigte Vortragstätigkeit im Rahmen der beginnenden evangelischen Frauenarbeit und durch ihre schriftstellerische und dichterische Begabung.

Zunächst möchte ich einen kurzen Lebenslauf geben, dann ihre verschiedenen Arbeitsfelder beleuchten und schließlich ihre Gedanken zur Frauenarbeit in der Gemeinde darstellen.

Ein reich gefülltes Leben

Dora Rappard wurde 1842 auf der Mittelmeerinsel Malta geboren. Sie stammte aus einer von der Erweckungsbewegung geprägten schweizerischen Familie, die mehrere ihrer führenden Vertreter gestellt hat. Christian Heinrich Zeller, der Gründer der Beuggener Anstalten, eine der ersten Einrichtungen der Inneren Mission, war ihr Großvater. Bald nach ihrer Geburt wurde der Vater 1846 zum zweiten evangelischen Bischof von Jerusalem berufen. Erst 1840 hatte der preußische König Friedrich Wilhelm IV. das Evangelische Bistum von Jerusalem im Einvernehmen mit der anglikanischen Kirche von England gegründet.

Dora Rappard wuchs in Jerusalem auf, wo ihr im täglichen Anschauen und Erleben des Heiligen Landes die Bibel mit ihren Berichten unmittelbar vor Augen trat. Hier wurde auch der Grund gelegt zu Dora Rappards einzigartiger Bibelkenntnis. Im Haus des

Bischofs kam sie auch mit Menschen aus aller Herren Länder in Kontakt, von denen sie in ihrer Autobiographie „Lichte Spuren" berichtet.

Im zehnten Lebensjahr wurde sie für vier Jahre zusammen mit ihrer älteren Schwester in das Mädcheninternat Montmirail der Brüdergemeine in der Westschweiz gegeben. Dort lernte sie mit der französischen Sprache auch französische Umgangsformen: Montmirail war eine Schule für „höhere Töchter". Zurück in Jerusalem, konnte sie sich in der Bibliothek des Vaters eine gediegene Bildung aneignen. Dora Rappard hat wie Anna Schlatter nie an einer Universität studiert; sie war eine theologische Autodidaktin. Aus Büchern über Weltgeschichte, aus Literaturwerken und theologischen Abhandlungen sammelte sie Zitate, Predigtauszüge und Gedichte. Zwölf handgeschriebene Bände hat sie aus der Zeit von Montmirail bis zu ihrem Tod 1923 gefüllt. Diese bildeten auch die Grundlage ihrer späteren Vortragstätigkeit und Schriftstellerei.

In Jerusalem wandelte sich ihr Kinderglaube durch ein bewußtes Bekehrungserlebnis zu einem reifen Erwachsenenglauben. 1861/62 arbeitete sie für ein Jahr in der Gemeinde ihres Bruders, der im südenglischen Romsey, in der Nähe Southamptons als Hilfsgeistlicher angestellt war. Aufgewachsen in einer behüteten bürgerlichen Atmosphäre, lernte sie dort als Gemeindehelferin erstmals das Leben auch von seiner Schattenseite her kennen.

Nach Jerusalem zurückgekehrt, übernahm Dora Rappard die Leitung einer von ihrem Vater eröffneten Grundschule für moslemische, orthodoxe, jüdische und evangelische Mädchen. Das war keine leichte Aufgabe, zumal es sich um eine der ersten gemischtreligiösen Schulen handelte.

1867 begegnete sie in Jerusalem Heinrich Rappard, einem Seminaristen von St. Chrischona, den sie im gleichen Jahr heiratete. Gemeinsam wurden sie ausgesandt, um eine Station der von Christian Friedrich Spittler geplanten „Apostelstraße" zu übernehmen. Von Alexandria und Kairo den Nil aufwärts bis Abessinien (dem heutigen Äthiopien) sollte eine Kette von zwölf Missionsstationen angelegt werden, um den afrikanischen Völkern das Evangelium zu bringen.

Das Innere Afrikas war zu dieser Zeit noch weithin unerforscht. Heinrich Rappard sollte die Kairoer Station übernehmen. Dort erreichte ihn der Ruf, als Inspektor nach St. Chrischona zu kommen, wo er und seine Frau Ende August 1868 mit ihrem Dienst begannen. Mit kurzer Unterbrechung wurde St. Chrischona für 55 Jahre der Ort ihres Wirkens, von denen Dora 41 Jahre zusammen mit ihrem Mann tätig war. 1871 wurde sie Anstaltsmutter, d. h. sie war für Küche, Wäscherei, Schlächterei und die Kasse zuständig. Mit 29 Jahren war sie damit zur Verwaltungschefin der Ausbildungsstätte für Missionare und Prediger avanciert.

Ein entscheidender Einschnitt für ihr Leben war die Teilnahme Heinrich Rappards an der Oxford-Konferenz von 1874. 1875 hat sie dann zusammen mit ihrem Mann an der nächsten Konferenz in Brighton teilgenommen. Von der Begegnung mit der sog. Heiligungsbewegung rührte die Dynamik ihrer Botschaft, die sie fortan in Frauenversammlungen und Zeitschriftenartikeln weitergab.

Nachdem im September 1909 Heinrich Rappard heimgegangen war, nahm ihre schriftstellerische Tätigkeit merklich zu. Als erstes Buch erschien 1910 ein Lebensbild ihres Mannes. Noch ein Jahr vor ihrem Tod, im Jahre 1922, erschien ihr letztes Buch „Frohes Alter". Neben dieser schriftstellerischen Tätigkeit verwaltete sie die Kasse von St. Chrischona und war unermüdlich unterwegs zu Vorträgen vor Frauen.

Die verschiedenen Wirkungsbereiche

Ihr Verständnis des Ehefrauseins

Dora Rappard war nach ihrer Heirat zunächst und vor allem Ehefrau. Sehr bewußt hat sie bereits in ihrer Verlobungszeit gemeinsam mit ihrem zukünftigen Mann über die Stellung von Mann und Frau zueinander nachgedacht. Davon geben ihre reichlich ausgetauschten Briefe Zeugnis. Ihr Vater hatte drei Bedingungen für die Verheiratung seiner Tochter gestellt: daß der Bewerber ein wahres Gotteskind sei, daß er eine Stellung habe, die ihm erlaube, eine Familie angemessen zu unterhalten, und daß eine liebevolle Zuneigung vorhanden sei.

Der letzte Punkt zeigt, daß Bischof Gobat nicht nur den natürlichen Charakter der Verbindung von Mann und Frau gewahrt wissen wollte, sondern der Frau auch ein Mitspracherecht bei der Wahl des Ehepartners zubilligte. Das war in einer Zeit, in der von den Eltern für ihre Kinder ausgehandelte Ehen vorherrschten, keineswegs selbstverständlich. Beide Verlobten waren sich darin einig, daß ihre Verbindung im gemeinsamen Dienst für Jesus eine Bestimmung hatte, die ihre Liebe zueinander überstieg. Sie wollten sich zu gemeinsamer Arbeit für Christus verbinden. Wie Theodor und Friederike Fliedner und Nikolaus und Erdmuthe von Zinzendorf vor ihnen verstanden sie die Ehe als Dienstgemeinschaft für Gott. Dabei betrachteten sie ihr Leben als gemeinsame Pilgerschaft.[1] Ihr Eheverständnis entsprach der alten württembergischen Trauagende, die beide Ehepartner dazu verpflichtete, danach zu streben, wie eines das andere mit sich in den Himmel bringe.[2]

Dora Rappard hat später im Hinblick auf die Stellung von Mann und Frau zueinander geschrieben, daß die Frau Gehilfin des Mannes sei. „Und des Weibes höchste Würde ist es, nicht eine Regentin (auch nicht eine Sklavin), sondern eine wahre und echte Gehilfin zu sein ... Das christliche Weib ist die Gehilfin des christlichen Mannes. Das ist eine Prinzipienfrage. Es handelt sich da nicht um größere oder gringere Begabung beim Mann und Weib, sondern um Gottes Ordnung und Willen. Diese Auffassung bewahrt den Frauen ihren schönsten Schmuck: die Weiblichkeit."[3]

Man hat den Eindruck, als ob in diesen Sätzen Beobachtungen nachschwingen, die Dora Rappard während ihrer Jugend in Palästina zur Stellung der Frau im Osmanischen Reich machte. Sie verstand die Stellung des Mannes dagegen weder als Herrentum noch empfand sie die Gehilfenschaft der Frau als Zurücksetzung ihres Wertes. Die Gehilfenschaft der Frau stellt vielmehr eine göttliche Ordnung dar, die der Frau ihre Eigenheit, eben ihre Weiblichkeit wahren hilft.

Tatsächlich sind Dora Rappard gerade als Mitarbeiterin ihres Mannes die Aufgaben zugewachsen, die sie zur Mutter von St. Chrischona und darüber hinaus zu einer der bedeutendsten Frauen der Gemeinschaftsbewegung gemacht haben. Sie gehört zu den Frauen, die ihr vom Mannsein unterschiedenes Frausein als naturgegeben, d. h. als Gabe Gottes und nicht als anerzogen betrachtet haben.

Wie Heinrich Rappard über ihr Verhältnis zueinander dachte, geht aus einem Brief an seine Braut hervor: „Weißt Du, was wir tun wollen, um immer recht lieb miteinander zu sein: Es gibt in der Bibel viele Stellen, die von den gegenseitigen Pflichten der Ehegatten reden. Nun werde ich diejenigen Stellen beherzigen, die von den Pflichten des Mannes handeln, und Du wirst diejenigen beherzigen, da von den Pflichten der Frau dem Manne gegenüber gesprochen ist. Bei vielen geschieht das Gegenteil. Der Mann kennt nur die Stellen, die es ihm sagen, was seine Frau ihm schuldig ist. So hat es aber Gott nicht gemeint. Jene Worte sind an das Weib gerichtet und nicht an den Mann."[4] Gehilfenschaft und eine damit verbundene Zuordnung der Frau auf den Mann müssen nach Heinrich Rappards Überzeugung aus selbständiger Einsicht der Frau kommen. Sie dürfen nicht vom Ehemann eingeklagt werden. Ein Gedanke, der zur damaligen Zeit einen emanzipatorischen Zug in das Verhältnis von Mann und Frau brachte.

Ihr Wirken als Familienmutter

Neben ihrem Wirken als Ehefrau ist Dora Rappard Familienmutter gewesen. Sie schenkte zehn Kindern das Leben, von denen zwei, 1879 und 1881 geboren, gleich nach der Geburt starben. Mutterschaft verstand sie als die ursprünglichste und schönste Aufgabe einer Frau. Mit großer Weisheit erkannte sie, daß die Mütter das Schicksal ihrer Söhne sind. Das kann ich aufgrund unzähliger Gespräche mit jungen Männern im Alter von 18–28 Jahren bestätigen.

Dora Rappard lebte in keiner bürgerlichen Kleinfamilie. Sie war die Mutter einer Großfamilie. Immer gab es Haustöchter, die sich um die Kinder und den Haushalt kümmerten. Ihr Wirkungskreis erweiterte sich noch, als sie Anstaltsmutter von St. Chrischona wurde, was einen überreich gefüllten Tagesablauf mit sich brachte.

Ihr Leben als Anstaltsmutter

Als Verwaltungsdirektorin des ständig wachsenden Chrischona-Werkes war sie bis hin zur Buchhaltung für dessen wirtschaftliche

Belange verantwortlich. Wie ihr Arbeitstag aussah, schildert ihre Tochter in der Sprache der Gemeinschaftsbewegung der 20er Jahre: „Die Anstaltskasse mit den dazugehörigen Büchern führte sie aufs Sorgfältigste; dann stellte sie Quittungen aus, schrieb herzliche Dankbriefe, machte Bestellungen . . . Aber wie oft ging dazwischen die Tür des Nebenzimmers auf, und ihres Mannes Stimme rief: ‚Dora!' Da galt es, ihm zu dienen, verlegte Schriftstücke zu suchen, Briefe zu schreiben, Entwürfe druckfertig zu machen, kurz, ganz Gehilfin zu sein. Oder ein Kinderköpfchen schaute herein, und die Bitte ertönte: ‚Mama, spiel mit mir!' . . . Nun klopfte es. Besuch wurde gemeldet . . . jetzt war sie ganz für den Gast da . . . Oder der Krankenpfleger kam, um über den Gesundheits- oder besser Krankheitszustand im Hause zu berichten . . . Nun kam die Mittagszeit mit den gemeinsamen Mahlzeiten im großen Speisesaal der Anstalt . . . Um ein Uhr kamen die Postbrüder, der Riehener und der Grenzacher Bote, um die Briefe abzuholen und die Bestellungen entgegenzunehmen . . . Eine der Abendstunden hielt sie immer frei für ihre Kinder."⁵

Dora Rappard müssen in gleichem Maße wie Friederike Fliedner und Anna Schlatter außergewöhnliche seelische und körperliche Kräfte zur Verfügung gestanden haben. Nur so läßt sich erklären, daß ihre verschiedenen Aufgaben als Ehefrau, Mitarbeiterin ihres Mannes, Mutter und Verwaltungsleiterin von St. Chrischona sie nicht aufgerieben haben.

Ihr Wirken als Evangelistin

Wie Dora Rappard zu einer bekannten Evangelistin geworden ist, schildert die Tochter in ihrer ausführlichen Biographie. Während der Allianzwoche in Bern im Januar 1875, die sie zusammen mit ihrem Mann vorbereitet hatte, wurde sie von einem der teilnehmenden Pfarrer gebeten, während der Männerstunden Stunden für Frauen zu halten. „Frau Rappard", sagte er, „ich komme als Abgesandter Ihres Mannes und zugleich in meinem Namen, um Sie zu bitten, in dieser Stunde sich der Frauen anzunehmen, die während der Brüderkonferenz auch eine Zusammenkunft haben wollen. Ich verstehe ihr Begehren gut und habe Ihrem Mann gesagt, einer von uns müsse sich aufopfern, um diesen Dienst zu übernehmen. Aber er sagt, das sei nicht nötig. Sie könnten diese Stunde wohl halten. Zwar entgegnete ich ihm, es sei keine Kleinigkeit; denn es seien hundert oder mehr Frauen versammelt ... aber Ihr Heinrich ist ganz zuversichtlich, Sie könnten das gut übernehmen, und wenn ich Ihnen sage, daß er es wünsche, würden Sie es auch tun."[6]

Dora Rappard hat, wie sie später schrieb, im doppelten Gehorsam gegen Jesus Christus und gegen ihren Mann diese Bahn betreten. Sie hat auf Bitten ihres Mannes begonnen, Vorträge vor Frauen zu halten. Erstaunlicherweise riefen ihre Ansprachen vor Frauen in befreundeten Kreisen nicht nur Zustimmung, sondern zum Teil heftige Entrüstung hervor. Das zeigt, wie ungewohnt es zu dieser Zeit selbst in Frauenversammlungen noch war, daß Frauen das Wort ergriffen. Dora Rappard hat sich von diesen Vorwürfen nicht beirren lassen und so einer selbständigen Frauenarbeit in der Gemeinschaftsbewegung die Bahn brechen helfen.

Inhaltlich wurde ihre Botschaft von der eigenen Erfahrung des Sünderseins und des Begnadigtwerdens durch das Blut Jesu Christi geprägt. Die Frage nach Sünde und Gnade war ihr zur Existenzfrage des Menschen schlechthin geworden. Dies führte zur Konzentration ihrer Theologie auf Rechtfertigung und Heiligung. Damit verbunden war eine Konzentration auf das persönliche Heil. Ihr wichtigster Lehrmeister war Johann Albrecht Bengel mit seiner Auslegung des Neuen Testamentes (dem „Gnomon") und vor allem die Bibel selbst, die inmitten der heiligen Stätten und Wege Palästinas in ganz besonderer Weise zu ihr gesprochen hatte.

Zu den Vorbildern ihres Glaubens gehörten Madame de Guyon (1648–1717) und der Erzbischof von Cambrai Fénelon (1651–1715), zwei der wichtigsten Vertreter der katholischen Mystik des 17. Jahrhunderts. Die Beobachtung zeigt, daß die Gemeinschaftsbewegung – wie andere evangelische Erneuerungsbewegungen auch – aus einem breiten, wenn auch oft verborgenen mystischen Frömmigkeitsstrom gespeist wurde. Mystisch geprägte Gotteserfahrungen – ein verinnerlichter Glaube – verbanden von jeher die Mitglieder der verschiedenen Konfessionen.

Daneben wurde für die Entwicklung ihrer Botschaft die Begegnung mit der Heiligungsbewegung maßgeblich. Hier wuchsen ihr bleibende

Erkenntnisse über das Leben in der Nachfolge Jesu Christi nach der Bekehrung zu. Der Schwung ihrer evangelistischen Verkündigung speiste sich aus der Erfahrung, daß durch den Sieg Jesu Christi über die Sünde ein Leben in der Heiligung möglich ist. Seelsorgerliches Praxisfeld ihrer Verkündigung war das Chrischonawerk.

Die Konzentration der Verkündigung auf die Heiligung hatte allerdings eine Kehrseite: Sie führte leicht zu einem Verschweigen der bleibenden Schattenseiten des Lebens und damit zu einem gewissen Wirklichkeitsverlust in der Verkündigung. Dora Rappard vermied, Schuld und Versagen, unter denen Christen genauso wie Nichtchristen leiden, konkret beim Namen zu nennen. Symptomatisch dafür scheint mir eine Stelle aus ihrer Autobiographie „Lichte Spuren" zu sein, in der sie von ihren Erfahrungen während des Englandaufenthaltes berichtet. Sie erwähnt nur sehr indirekt die schwierigen Verhältnisse, mit denen sie in Südengland zu kämpfen hatte. Der Abschnitt endet mit der Bemerkung: „Mehr möchte ich von dieser Seite der Arbeit nicht sagen."[7] Damit ist eine Gefahr der ganzen Gemeinschaftsbewegung angedeutet, die sie als Kind der bürgerlichen Gesellschaft in wilhelminischer Zeit sichtbar werden läßt.

Weil man primär an der Frage des persönlichen Heils interessiert war, vernachlässigte man die sozial-ethische Dimension des christlichen Glaubens. Auch wenn Dora Rappard persönlich z. B. jeglichen Rassismus ablehnte, hat die Gemeinschaftsbewegung doch die gesellschaftliche Dimension der christlichen Verkündigung nicht genügend beachtet.[8] Gemeinschaftskreise haben sich kaum um eine Lösung der sozialen Frage bemüht.

Trotzdem hat Dora Rappard als Evangelistin und Bibellehrerin weit gewirkt. Das hängt vor allem mit ihrer eindrucksvollen Persönlichkeit zusammen: Sie kämpfte mit großer Entschiedenheit darum, daß Glaube und Leben zusammenstimmten.

In den „Lichten Spuren" berichtet sie, daß der Dienst als Evangelistin am Sonntag mit vielen Predigten und Vorträgen in Frauenversammlungen zum Schönsten ihres Lebens gehörte.[9] Sie hielt Bibelstunden und Andachten, sprach auf Weihnachtsfeiern und nahm an Visitations- und Evangelisationsreisen ihres Mannes teil. Auch außergewöhnliche Dienste nahm sie an. Z. B. hielt sie bei der Herzogin Wera von Württemberg Bibelstunden für deren Freunde und Bekannte. Am Ende ihres Lebens wirkte sie bei der ersten Konferenz für Predigerfrauen auf St. Chrischona mit. Die Frauenarbeit war in der Gemeinschaftsbewegung mittlerweile fest verankert.

Ihr Wirken als Schriftstellerin

Dora Rappard hat mehr als fünfhundert Lieder und Gedichte verfaßt, dazu viele Bücher veröffentlicht. Nachdem 1910 ihr erstes Buch, die Biographie über ihren Mann, erschienen war, gab sie 1911 biblische Betrachtungen heraus unter dem Titel „In der Felsenkluft geborgen". Im 1. Weltkrieg erschien ihr Trostbuch „Durch Leiden zur Herrlichkeit" und eine Harmonie der Leidensgeschichte „Die heilige Woche". 1922 publizierte sie ihr letztes Buch „Frohes Alter", in dem sie besonders über die Würde der letzten Lebensstufe nachdenkt.

Im „Friedensgruß" und im „Glaubensboten" der Chrischona-Arbeit hat sie viele Artikel veröffentlicht. Sie scheint darüber hinaus in den damaligen Chrischona-Publikationen als „Ghost-Writer" ihres Mannes gearbeitet zu haben. Darauf deutet die Aussage ihrer Tochter hin, die davon spricht, daß Dora Entwürfe ihres Mannes druckfertig machte.[10]

Daneben ist sie als Komponistin tätig geworden. 1875 erschienen erstmals die sogenannten „Gemeinschaftslieder", die auch Lieder von ihr enthielten. Besonders bekannt wurde das Lied „O du Lamm Gottes", das heute noch gesungen wird. 1899 veröffentlichte sie die erste Sammlung ihrer eigenen Lieder.

Dora Rappard ist ein „Mehrfach-Talent" gewesen, das besonders durch seine schriftstellerische Tätigkeit weit über die Kreise, die sich direkt zu St. Chrischona hielten, bekannt und wirksam geworden ist.

Richtlinien für die Frauenarbeit

In ihrer Schrift „Frauenarbeit im Reiche Gottes" nennt Dora Rappard Gehilfenschaft und Weiblichkeit als Eckpfosten der Bestimmung einer Frau.[11] Zu den Befugnissen der Frau gehören für sie zentral das Gebet und das Weissagen (nach 1. Kor 11, 5). Unter „Weissagen" versteht sie nicht ein Voraussagen von zukünftigen Dingen, sondern – wie schon die Reformatoren – das Aussprechen von göttlichen Mitteilungen, also eine Art von Predigt. Sie macht deutlich, daß Paulus die Mitarbeit der Frauen schätzte und belegt dies mit entsprechenden neutestamentlichen Stellen. Wichtig ist ihr, daß Frauen Verkündiger der Auferstehung Jesu Christi waren und daß der Heilige Geist an Pfingsten auf Männer und Frauen gekommen ist. Wenn ich es recht sehe, leitet sie hieraus auch die Berechtigung für ihre eigene evangelistische Tätigkeit ab. Frauen sollen auch gute Lehrerinnen sein, wie in Titus 2, 3–5 ausgeführt ist. Dort heißt es ausdrücklich, daß die alten Frauen die jüngeren Gutes lehren sollen.

Die Grenze der Wirksamkeit der Frau markiert das Verbot eines „Lehramts" in der Gemeinde: „Eine Frau oder Fräulein Pfarrer, wie sie jetzt da und dort geschaffen werden, scheint mir positive Unordnung" schreibt Dora Rappard. Dazu gehört auch das Reden vor gemischtem Publikum. Die neutestamentlichen Anweisungen des Apostels Paulus sind „heilige Ordnungen", die nicht unbeschadet durchbrochen werden können. Die weibliche Seele ist für übersinnliche Verführungen leichter geöffnet, als die des Mannes. 1. Timotheus 2, 14 gibt ihr hier den biblischen Beleg: Die Frau ist zuerst verführt worden und nicht der Mann.

Entscheidend für das Wirken der Frau ist das Beispiel, das sie mit ihrem Leben gibt, ihr eigenstes, verborgenstes Wesen und Sein.[12] Schlichte Handarbeit ist ihres Erachtens für das weibliche Gemüt ein notwendiges Gegengewicht gegen den Druck oder auch die Exaltation, die intensiv-geistige Beschäftigung verursachen kann. Sie hat selbst zeit ihres Lebens in allen Pausen geistlicher Beschäftigung gestickt und gestrickt, um so zu einem Ausgleich zu kommen. Häufig ermahnt sie zur Stille als der Kraftquelle, aus der allein das geistlich vollmächtige Wort fließen kann.

Manche der Auffassungen Dora Rappards muten heute überholt an. Dazu gehört ihre Definition von Gehilfenschaft und Weiblichkeit, aber auch ihre Weigerung, vor Männern zu sprechen, auch wenn sie selbst diesem Vorsatz nicht treu geblieben ist. Denn durch ihre Bücher, Zeitschriftenartikel und Lieder hat sie das Evangelium vor Frauen und Männern gleichermaßen verkündigt. Insgesamt sollte aber nicht übersehen werden, daß sie im Rahmen der von ihr freiwillig gesetzten Einschränkungen der Frau in der Gemeinschaftsbewegung entscheidend zur mündigen Mitarbeit verholfen hat. Allein ihr Vorbild als Predigerin vor Frauen und als Schriftstellerin hat hier Wesentliches bewirkt. So war für sie nicht nur die Mutterschaft die schönste Aufgabe der Frau. Ebenso ging sie im Dienst als Evangelistin auf, die im Verlauf ihres Lebens unzählige Vorträge und Predigten gehalten hat. Lange bevor es in den evangelischen Landeskirchen eine geregelte Frauenarbeit gab, hat Dora Rappards Engagement in der Gemeinschaftsbewegung zündend gewirkt.

Weiterführende Literatur

In meinen Ausführungen habe ich mich auf folgende Bücher bezogen:
Friedhelm Rudersdorf, Dora Rappard. Die Mutter von St. Chrischona, Gießen 1963;
Dora Rappard. Lichte Spuren, Gießen 1914, eine Art Autobiographie, in der sie für ihr Leben entscheidende Begegnungen erzählt;
E. Veiel, Mutter. Bilder aus dem Leben von Dora Rappard-Gobat, Gießen 1925, die erste von der Tochter Emmy verfaßte Biographie. Emmy Veiel war mit dem Nachfolger Heinrich Rappards, Inspektor F. Veiel, verheiratet.

EVA VON TIELE-WINCKLER (1866–1930)

Eine Frau als Gründerin kirchlicher Werke

Eva von Tiele-Winckler, Mutter Eva, wie sie seit ihrem 23. Lebensjahr genannt wurde, hat nie leibliche Kinder gehabt. Mit ihrer Hinwendung zu Jesus wurde ihr klar, daß sie nicht heiraten würde. Sie gehört zu den vielen ledigen, familien-unabhängigen Frauen, die innerhalb der Inneren Mission, der heutigen Diakonie, als Diakonissen für bedrängte Mitmenschen Großartiges geleistet haben. Gleichzeitig war sie eine der ersten Frauen, die an leitender Stelle in der evangelischen Kirche gewirkt hat. Mehr noch, sie gehörte zu den ersten Gründerfrauen im Protestantismus. Als sie 1930 starb, umfaßte das von ihr ins Leben gerufene Werk mehr als 40 „Heimaten" für verwaiste und verwahrloste Kinder. Auf dem Gelände des Mutterhauses in Oberschlesien, dem „Friedenshort", standen allein 28 Häuser für heimatlose Kinder und für alte und kranke Menschen.

Die Schwestern des von Mutter Eva 1893 gegründeten „Friedenshortes" arbeiteten in einer Fülle von Tätigkeitsbereichen: in Krankenhäusern, Gemeinden, Kindergärten und Gefängnissen, in der Mitternachtsmission und in der Äußeren Mission. 1912 hatte Eva von Tiele-Winckler in Westchina die Miao-Mission ins Leben gerufen. Zudem wirkten Schwestern des Mutterhauses in Afrika und Guatemala.

Auch nach dem Zweiten Weltkrieg, der den Verlust des Friedenshortes und vieler Arbeitsgebiete vor allem in den deutschen Ostgebieten brachte, wurde das Werk sowohl in der ehemaligen DDR in Heiligengrabe, als auch in der Bundesrepublik Deutschland in Freudenberg (bei Siegen) fortgeführt.

Mutter Eva – eine evangelische Heilige

Wenn man Mutter Evas Lebensweg und Glaubensart anschaut, wird man eher an die großen Heiligen des Katholizismus erinnert, als an eine evangelische Diakonisse. Die heilige Elisabeth von Thüringen oder Franz von Assisi treten einem vor Augen. Woher rührt dieser Eindruck?

Eva von Tiele-Winckler wurde im Schloß von Miechowitz bei Beuthen in Oberschlesien als Tochter eines der reichsten schlesischen Industriellen geboren. Trotzdem wurde sie zusammen mit ihren acht Geschwistern äußerst streng, geradezu spartanisch erzogen. Im Mittelpunkt der Erziehung standen die alten preußischen Tugenden, die beide Eltern ihren Kindern als Grundausstattung für das Leben mitgeben wollten. Zu diesen Tugenden gehörten Anspruchslosigkeit, Pflichtbewußtsein und Bereitschaft zum Gehorsam.

Der Vater war evangelisch, die Mutter katholisch und den mystischen Traditionen ihrer Konfession gegenüber aufgeschlossen. Allerdings erhielten die Kinder aufgrund der Konfessionsverschiedenheit der Eltern keine eigentlich religiöse Erziehung. Man ging weder zum Gottesdienst, noch gab es Andachten oder Tischgebete im Schloß. Erst als nach dem Tod der Mutter Freiherr von Tiele-Winckler noch einmal heiratete, sorgte seine zweite evangelische Frau für Religions- und Konfirmandenunterricht. Nicht zuletzt, weil diese Idee von der zweiten Mutter stammte, hat sich Eva von Tiele-Winckler zunächst heftig gegen eine solche Einschränkung ihrer Freiheit aufgelehnt.

Trotzdem bekam der Unterricht für die junge Konfirmandin entscheidende Bedeutung. Als sie mit sechzehn Jahren Johannes 10, 27f las, wurde sie bis ins Innerste angesprochen: „Meine Schafe hören meine Stimme, und ich kenne sie, und sie folgen mir; und ich gebe ihnen das ewige Leben, und sie werden nimmermehr umkommen, und niemand wird sie aus meiner Hand reißen." Mutter Eva berichtet: „Zum ersten Mal sah ich wie in einer plötzlichen Erleuchtung durch das Wort die Herrlichkeit Jesu als guten Hirten, der das Verlorene sucht. Nie war er mir in dieser Gestalt begegnet, nie hatte ich von ihm in dieser Weise gehört."[1] Eva von Tiele-Winckler hatte in der Stunde ihrer Erweckung durch dieses Gleichnis vom guten Hirten völlig selbständig sofort die diakonische Ausrichtung des christlichen Glaubens entdeckt. Sie sah Jesus, wie er von den Evangelien beschrieben wird: als den, der die Kranken und Krüppel heilt und die Hungrigen und Armen, die Mißachteten und Entrechteten um sich sammelt. Fortan las sie regelmäßig die Bibel und ein Buch des mittelalterlichen Mystikers Johannes Tauler. Gleichzeitig betete sie darum, daß Gott sie vor jeder irdischen Liebe bewahren möge. Sie wollte fortan ganz für die Armen und Verwahrlosten dasein.

In Miechowitz waren Schloß und Dorf streng voneinander geschieden. Der Vater verhinderte, daß sie sich jetzt schon für die Bedürftigen und Kranken des Ortes einsetzte. In dieser Zeit des Wartens und der erzwungenen Untätigkeit einer Tochter aus höherem Hause reifte in Mutter Eva ihre endgültige Berufung heran. Sie ereignete sich in der Einsamkeit. Eva von Tiele-Winckler hat sie im Rückblick wie folgt beschrieben: „Da hörte ich die Stimme Gottes: Brich den Hungrigen dein Brot und die, so im Elend sind, führe in dein Haus. Doch dringender, persönlicher vernahm ich die Frage: Wen soll ich senden, wer will mein Bote sein? Da galt es kein Zögern, und aus dem tiefsten Herzen kam die Antwort: Hier bin ich! Sende mich!"[2] Jesaja 58, 7 und 6, 8 wurden zu den biblischen Leitworten ihrer Berufung. Ihr ganzes weiteres Leben stellte eine Entfaltung dieser Grundbeauftragung dar, den Hungrigen das Brot zu brechen.

Es dauerte allerdings noch einige Jahre, bis Mutter Eva in ihre Berufung hineingewachsen war. Zunächst bestanden die Eltern darauf, daß sie bei Friedrich von Bodelschwingh in Bethel die Krankenpflege erlernen sollte. Auch war der Vater überzeugt, daß in Oberschlesien besonders die Kindererziehung sehr zu wünschen übrig ließ, weil viele Frauen durch Jahre materieller Not unfähig geworden waren, ein geregeltes Familienleben zu führen. Darum absolvierte Eva von Tiele-Winckler zusätzlich zur Krankenpflegeausbildung einen Aufbaukurs für Kinderbetreuung in einer Außenstation Bethels. Sie wurde so nicht nur zur Krankenpflegerin, sondern zugleich zur Erzieherin ausgebildet.

Am Ende ihres 23. Lebensjahres kam endlich der große Augenblick: Der Vater hatte ihr am vorangegangenen Weihnachtsfest den Bau eines Hauses im Park des Schlosses zugesagt, wo sie bedürftige

Menschen aufnehmen konnte. Darin sollte sich ein Arzt- und Sprechzimmer befinden und eine kleine Kapelle zur täglichen Andacht. Nach der Einweihung des später „Friedenshort" genannten Hauses war Mutter Eva zunächst ins Schloß zurückgekehrt, um dort zu schlafen. Noch am gleichen Abend erkannte sie jedoch, daß sie fortan ganz in den „Friedenshort" gehörte und auch bei den bedürftigen Kindern schlafen mußte. Ihr Vater erlaubte in der Nacht den Auszug aus dem Schloß. „Nun war ich frei zum Dienst, frei für Gott und die Armen!", schreibt Mutter Eva im Rückblick auf diesen denkwürdigen Tag.[3] Ihr war klar geworden, daß sie den Dienst an den Armen nicht als privilegierte Wohltäterin verrichten konnte.

Dieser Dienst bedeutete für sie nicht nur Entsagung, sondern er brachte ihr größte Befriedigung. Immer wieder scheint in ihrem Leben die Freude an der Bedürfnislosigkeit durch. Ihr Biograph berichtet: „Als Mutter Eva in älteren Jahren bei der Einrichtung eines neuen Kinderheimes in die lange unbewohnten, öden Räume einige Schwestern brachte, blieb sie fast eine Woche bei ihnen. Davon schrieb eine dieser Schwestern: ‚Wir hatten nur ein Zimmerchen. Alles wickelte sich in diesem einen Raum ab. Wir borgten uns das Notwendigste an Möbeln, Betten und Geschirr. In dieser großen Armseligkeit fühlte sich die Mutter so glücklich, daß sie sagte: ‚Kinder, nun wohnen wir wie arme Leute!' Sie schlief mit uns in demselben Raum, morgens fegte sie die Stube aus, nahm einer Besuchsschwester mit herzlichen Worten den Wischbesen aus der Hand, schürzte ihre Kleider hoch und verstand sich ganz wunderbar auf die derbe Arbeit des Wischens. Dann half sie Kartoffeln schälen, das Essen zubereiten, und die strahlenden Augen zeigten, wie glücklich sie bei alledem war. Aus solcher Freude an der Bedürfnislosigkeit schrieb Mutter Eva: ‚Wie vielen, vielen fehlt noch der Blick für die Schönheit und den Reichtum eines solchen Lebens'."[4]

Noch oft ist der Grundton heiterer Armut und Bedürfnislosigkeit in ihrem Leben zu hören. Als sie das Betheler Diakonissenmutterhaus Sarepta verließ, in dem sie vielen hundert Diakonissen als Oberin vorgestanden hatte, wollte sie im „Friedenshort" in Armut und Hütten leben. In den folgenden Jahren nahm sie in ihre eigene Wohnung wirklich die Ärmsten der Armen auf: Verkrüppelte, Todkranke und von der Gesellschaft Vergessene.

Mutter Eva war nicht die erste, bei der eine unbändige Freude an der Armut aufgebrochen ist. Schon ein Franz von Assisi war mit hinreißender Gewalt von ihr ergriffen. Mutter Eva wollte die äußere Lebensführung Jesu möglichst genau in ihrem Leben nachahmen. Immer neue Züge der Armut hatte sie im Leben Jesu entdeckt, angefangen von seiner Geburt im Stall von Bethlehem bis hin zum schändlichen Verbrechertod am Kreuz auf Golgatha. Daß er auf Annehmlichkeiten und Bequemlichkeiten des Lebens verzichtet hatte, war ihr Grund genug, ihrerseits bedürfnislos und arm zu leben. Sie lebte bescheiden, freiwillig und aus Liebe, nicht erzwungen oder aus schlechtem Gewissen heraus. Gerade die Nachahmung Jesu im Detail läßt etwas von der Kindhaftigkeit des Glaubens von Mutter Eva deutlich werden. Das macht sie so liebenswert und rührt das Herz an.

Besonders einer ihrer Brüder empfand Evas bescheidenen Lebensstil als Armutsschwärmerei, ja Schrulle, und ihre Vorliebe für die unteren Volksklassen als Schande für die Familie.[5] Dieses kritische Urteil zeigt nur, wie anstößig die Nachfolge Jesu Christi werden kann, wenn sie mit letzter Konsequenz gelebt wird. Bemerkenswerterweise ist dieser Kritiker, Hans Werner von Tiele-Winckler (1865–1915), später zu einem der führenden Männer der Gemeinschaftsbewegung in Mecklenburg geworden.

Ein auffälliges Merkmal der Frömmigkeit Mutter Evas war auch ihre Entschiedenheit. Ihr ging es dabei vor allem um den ungeteilten Gehorsam gegenüber dem Willen Jesu. Daß dazu der eigene Wille zerbrochen werden mußte – worunter sie die Aufgabe des Eigenwillens und dessen Hingabe an Jesus Christus verstand – war ihr selbstverständlich: „Wir wollen uns willenlos in die Hand unsers Herrn legen und ihn bitten, daß er unser armes, unverständiges, immer noch eigenwilliges Herz völlig zerbricht."[6]

Zu dieser Entschiedenheit gehörte auch die bewußte Abkehr von jeder erkannten Sünde. Das zeigen nicht zuletzt ihre vielen Briefe an die Schwestern von Sarepta[7] und ihre Ansprachen[8].

Voraussetzung der Hingabe an den Willen Jesu war für sie die Demut.[9] Erst wenn ein Mensch demütig geworden ist, wird er bereit, auf Gott zu hören. Darum ihre Angst vor allem Hohen und allem Stolz: „Aller Schmuck ist mir zuwider. Lieber ein armes, ohnmächtiges Kind, ein begnadigter Schächer, als eine stolze Heilige!"[10]

In der evangelischen Theologie ist die Nachahmung Jesu, die Imitatio Christi, allerdings immer mit großer Skepsis beargwöhnt worden. Man vermutete hier gleich den Einbruch einer unevangelischen Werkgerechtigkeit. Mutter Eva war ergriffen von einer unbändigen Liebe zu Gott und den Armen. Ihr Blick war ganz auf die Gemeinschaft mit dem auferstandenen Gekreuzigten gerichtet. Darum wurde das Leiden um Jesu willen ihr höchster Wunsch: „Mir ist, als würde mich nur ein großes Leiden der Liebe befriedigen können, als wäre in einem Todesleiden für andere um Jesu willen der höchste Wert des Lebens eingeschlossen."[11] Mutter Eva war mit letzter Konsequenz bereit, den Preis zu zahlen, den die Nachfolge des Gekreuzigten verlangen kann. Auch Paulus war von solchen Vorstellungen erfüllt, als er schrieb: „Nun freue ich mich in den Leiden, die ich für euch leide, und erstatte an meinem Fleisch, was an den Leiden Christi noch fehlt, für seinen Leib, das ist die Gemeinde" (Kolosser 1, 24). Das eigene Leben stellvertretend für andere zu lassen, am eigenen Leib stellvertretend Leiden auf sich zu nehmen, das sind Gedanken, die zumindest den meisten evangelischen Christen fremd sind. Eva von Tiele-Winckler steht hier nicht nur in der Nachfolge Jesu und des Apostels Paulus, sondern auch in der Tradition der Mönchsväter und vieler Mystiker. Zu dieser mystisch geprägter Frömmigkeit gehörte das Leiden aus Liebe zu Jesus und zum Nächsten. Mutter Evas Betonung von Zölibat, Armut und Gehorsam erinnert durchaus an die Mönchsgelübde. Diese radikale Form der Jesus-Nachfolge war der Weg, auf dem Mutter Eva ihre Berufung leben wollte.

Es verwundert nicht, daß sie immer wieder darum gerungen hat, ob sie katholisch werden sollte. Mütterlicherseits waren ihr katholische Gebräuche und katholische Denkweise von frühester Kindheit an vertraut. Als sie bei der Gründung des „Friedenshortes" eine Ordnung für Diakonissen entwarf, zeigt diese eine große Nähe zu katholischen Ordensregeln. Sie ist von einem Hauch von Askese durchweht.[12] So führte Mutter Eva in den ersten Monaten des Zusammenlebens mit den neuen Diakonissen im „Friedenshort" eine Vielzahl von Nachtgebeten ein. Friedrich von Bodelschwingh hat dagegen von Bethel aus brieflich interveniert. Er sah hier eine falsche Werkgerechtigkeit Triumphe feiern.

Es war kein geringerer als Vater Bodelschwingh selbst, der Mutter Eva geholfen hat, ein ganzes Ja zur evangelischen Kirche zu finden. In einem seelsorgerlich-klugen Brief an sie argumentiert er, daß der Friede Gottes im Herzen nicht durch den Übertritt in eine andere Konfession, sondern allein aufgrund der Gnade Gottes in Jesus zu finden ist. Gleichzeitig betont er, daß sich die unsichtbare Kirche des dritten Glaubensartikels durch alle sichtbaren Kirchentümer hindurchzieht. Dann macht er Mutter Eva darauf aufmerksam, wie vorläufig und kurz die Zugehörigkeit zu einer Konfession ist: „Was willst Du Dich noch bemühen, das kleine Stündlein, bis das ewige Vaterhaus sich auftut, noch in ein anderes, irdisches Schifflein unterzuschlüpfen, weil Dir das jetzige einige bedenkliche Mängel zu haben scheint. Meinst Du, das sähen wir nicht alle und wollten gern unsers armen kleinen Zions Mauerlücken ausbessern, so gut wir können?"[13] Schließlich weist er auf das evangelische Kirchengesangbuch hin und meint, daß keine andere Kirche so reich an Liedern sei wie die evangelische, und gewissermaßen als Hausaufgabe schickt er ihr ein Buch mit Auslegungen von Wilhelm Löhe (1808–1872), in dem Mutter Eva fortan regelmäßig lesen soll. Bodelschwingh ist davon überzeugt, daß Mutter Eva schon viel zu tief das Wesen evangelischen Christseins, nämlich unmittelbar aus dem Wort Gottes zu leben, erfaßt habe, um jetzt noch in einer anderen Konfession Heimat finden zu können.

Charismatikerin der Liebe und des Glaubens

Die Liebe zu Jesus und zu den Armen in ganzer Unmittelbarkeit kennzeichnet die Spiritualität Eva von Tiele-Wincklers. Dazu tritt ein kindliches Gottesvertrauen, das sich vor allem in ihrem Gebetsleben zeigt.

Von Anfang an ist die Liebe zu Jesus der Mittelpunkt ihres Lebens wie auch ihr kostbarster Schatz. In dieser Liebe immer mehr zu reifen, war Mutter Evas beständiger Wunsch. In einem Brief an die Diakonissen von „Sarepta" dankt sie für diejenigen unter ihnen, die aufgehört haben, sich selbst zu lieben. Darin sieht sie nicht nur für die anderen, sondern auch für sich selbst die Voraussetzung jeder echten diakonischen Arbeit.[14]

Sehr früh erkannte sie, daß die Liebe zu Jesus kein frommes Gefühl bleiben darf, sondern sich im Alltag in konkreter Tat bewähren muß. Aus unmittelbarer Liebe heraus spürte sie, daß sie Polnisch sprechen mußte, wenn sie die Armen und Bedürftigen von Miechowitz und seiner Umgebung innerlich erreichen wollte. Die Umgebung des Schlosses in Oberschlesien war nämlich vorwiegend polnisch-sprachig. Konsequenterweise hat Mutter Eva auch während des Ersten Weltkriegs bei ihrer Hilfeleistung keinen Unterschied zwischen polnischen und deutschen Kindern gemacht.[15]

Mutter Eva verstand, die Bereitschaft zu tätiger Liebe auch bei anderen zu wecken. Geradezu rührend ist die folgende Geschichte: Anläßlich der Einweihung einer neuen Kinderheimat überbrachte ein kleiner Abgesandter einer schon bestehenden Heimat, des Wartenberg, folgenden Gruß: „Liebe Mutter, Mütterchen, Tanten und Kinder! Wir schicken Euch ein paar ganz kleine Gaben: etwas aus dem Garten und für jede Familie ein Brot – mit der gewissen Zuversicht, daß es Euch hinfort nie daran mangeln wird! – Es kommt noch etwas nach – nämlich eine Kuh für Euren Stall. Wir haben eine, die wir nicht selbst geschenkt bekommen, sondern selbst aufgezogen haben – sie bekommt im August ihr erstes Kälbchen, dann schicken wir sie Euch – jetzt kann sie leider nicht reisen."[16]

Das Charisma der Liebe zeigt sich auch daran, daß es Mutter Eva gelang, in den „Kinderheimaten" den bis dahin überall vorherrschenden Waisenhaus-Charakter aufzubrechen. Kinder wurden statt dessen in Familiengruppen zusammengefaßt und auf diese Weise betreut. Allein die Namensgebung der Kinderheimaten zeigt die Liebe Eva von Tiele-Wincklers zu ihren Waisenkindern. Die einzelnen Häuser hießen: „Christrosen", „Enziane", „Waldriemen", „Zaunkönige", „Sternblumen", „Spatzennest" usw.

Auch der sogenannte „Sternenbund" entsprang Mutter Evas Phantasie der Liebe. Die Mitglieder dieses Bundes waren ursprünglich nur Kinder aus intakten Elternhäusern. Sie sollten als leuchtende Sternchen ihre Liebe hineinstrahlen lassen in das Leben eines Waisenkindes, das schon in früher Jugend Liebe entbehren mußte. Im Sternenbund wurde man formell Mitglied. In späteren Jahren entstanden eine Reihe von Unterabteilungen des Bundes. Die Mitglieder trafen sich zu Freizeiten im „Friedenshort" und an anderen

Stellen des Werkes. Mutter Eva hatte mit sicherem Instinkt erkannt, daß gerade Kinder zur Unterstützung der Kinderheimaten innerlich motiviert werden konnten.

Ihr Buch „Nichts unmöglich!" stellt ein Zeugnis für die Glaubenskraft Mutter Evas dar. Wie sie die Hilfe Gottes erfahren hat, beschreibt sie wie folgt: „. . . sie kam immer, wenn auch nicht gleich."[17] Man kann gut nachvollziehen, daß ihr und ihrer Schwestern Glaube häufig stark herausgefordert worden ist. In den ersten Jahren konnten die laufenden Ausgaben des „Friedenshortes" mit den reichlichen Zinsen des Stiftungskapitals gedeckt werden, in das Eva von Tiele-Winckler ihr mütterliches Erbe verwandelt hatte. Bald nach ihrer Rückkehr aus Bethel nahm die Arbeit jedoch Dimensionen an, für die das Stiftungskapital mit seinen Erträgen viel zu gering war. Der „Friedenshort" wurde darum in den folgenden Jahren zu einem Glaubenswerk, das auf die Gaben seiner Freunde angewiesen war. Zudem schrumpfte im Krieg und in den Inflationsjahren nach dem 1. Weltkrieg das Stiftungskapital zusammen, das in Bergwerksaktien angelegt war. So war man ganz darauf angewiesen, daß täglich die nötigen Spenden eintrafen.

Vor allem in den schweren Jahren des Krieges erfuhr Mutter Eva die Hilfe Gottes in erstaunlicher Weise. Dadurch wurde sie zu einer hoffnungsvollen Beterin. Die Kraft ihrer Verkündigung und ihres Lebenszeugnisses ist neben der Konsequenz der Nachfolge in ihrer Erfahrung der Güte Gottes begründet. An ihrem Leben wird die Wahrheit des Satzes sichtbar, daß alle Theologie Kostgängerin erprobter Glaubenserfahrung bleibt.[18]

Um so bemerkenswerter, daß sie auch in höherem Alter immer noch unzufrieden mit der Art und Weise ihres Betens war: „Wann werde ich eine Beterin nach dem Herzen Gottes werden?! Schon sechzig Jahre und noch so weit zurück! Oh, wie muß ich mich schämen! Hilf mir heraus aus mir selbst!"[19] Es spricht für die Echtheit ihrer Nachfolge, daß sie ihre Glaubenserfahrungen nie als Besitz ansah, sondern immer als Gnade Gottes verkündigte. Indem sie das Gebet im Namen Jesu als größte Macht auf Erden erfuhr, wurde ihr die Gnade Gottes in Christus immer größer.

Je älter sie wurde, desto mehr erfaßte sie die evangelische Botschaft der Rechtfertigung des Sünders allein aus Gnaden. Sie erkannte, was Paulus meint, wenn er von Christus als unserer Heiligung spricht (1. Korinther 1, 30). Vollkommenheit suchte sie nur noch in der Vervollkommnung ihrer Buße.

Mutter Eva ist das, was sie war, nicht ohne die Hilfe anderer Menschen geworden. Wie alle Christen steht sie auf den Schultern geistlicher Väter und Mütter. Vater Bodelschwingh aus Bethel blieb zeit seines Lebens ihr wichtigster Gesprächspartner und Seelsorger. In einem Brief zum Abschied ihrer Zeit in Sarepta schrieb er ihr: „Es ist mir heimatlich in Deiner Nähe, weil Dein Heiland Dich lieb hat und Du ihn ..."[20] Umgekehrt liebte Eva von Tiele-Winckler Vater Bodelschwingh mit der ganzen Glut ihres Herzens. Daß sie ihm vertraute wie sonst keinem Menschen, zeigt ihre Bitte, ihn Vater nennen zu dürfen.

Neben Bodelschwingh steht ein Evangelist namens Fritz Oetzbach, der Mutter Eva lehrte, daß Gott auch heute noch Wunder tut. Diese Botschaft war gedeckt von seiner eigenen Erfahrung: 17 Jahre lang krank, zuletzt sogar ans Bett gefesselt, konnte er durch die Kraft des Gebetes wieder aufstehen und fortan von diesem Eingreifen Gottes in sein Leben berichten.

Auch der bedeutende China-Missionar Hudson Taylor hat Mutter Eva geprägt. An ihm lernte sie, daß der Glaube an Gott die völlige Abhängigkeit von ihm bedeutet. Vor allem aber erkannte sie, daß diese Abhängigkeit Glück und Freude mit sich bringt. Dienst für Gott bedeutete ihm zuallererst Freude. Taylor meinte zu Mutter Eva: „Es ist so schön, unsern Herrn erfreuen zu dürfen."[21]

Entscheidend für Eva von Tiele-Wincklers weitere Entwicklung wurden schließlich ihre Begegnungen mit der Erweckungsbewegung in Wales 1905. Dort ging ihr von neuem die Wahrheit des Wortes von Taylor auf: „Je mehr Du tust, je minder wirkst Du." Auch kluges Planen, Geschicklichkeit und Schweiß können Gottes Wirken im Wege stehen. Sie begriff: In der Nachfolge Jesu geht es darum, daß ein Mensch sich immer mehr Gott hingibt und seiner Führung und Fürsorge vertrauen lernt. Bei Gott geht es nicht darum, sich emporzuarbeiten, bis man einen Dienst ganz beherrscht, etwas geworden ist und zur Geltung kommt. In einer Versammlung in Wales gab sie aus Liebe zu Gott das letzte, was ihr an einigermaßen Wertvollem geblieben war: das altertümliche

Schloß ihrer Bibel und den schmalen Goldring, der ihr zum Einsegnungstag als Diakonisse überreicht worden war. In dieser vollkommenen Hingabe an Gott, im völligen Vertrauen auf ihn – unabhängig von allen materiellen Sicherheiten – entdeckte sie fortan zusammen mit ihren Schwestern die Mitte ihres gemeinsamen Dienstes.

Unter den Schwestern des „Friedenshortes" wurde nach Mutter Evas Rückkehr aus Wales eine Erweckung ausgelöst, als sie persönliche Schuld vor ihren Mitarbeiterinnen bekannte. Sie demütigte sich als gleiche unter gleichen vor ihnen. „In der Welt streckt einer den Kopf über den andern, und dann wollen alle in die Höhe, aber im Kreis lebendiger Gotteskinder strebt man in die Tiefe. Einer zieht den andern mit nach unten."[22]

Im Oktober 1905 wurde das neu erbaute Schwesternhaus in Miechowitz eingeweiht. Während der Versammlungen wurden nicht nur Sünden erkannt, sondern wie in den frühen christlichen Gemeinden auch öffentlich bekannt. Indem man sich voreinander als Sünder zu erkennen gab, verwandelte sich die ganze Gemeinschaft in eine Geschwisterschaft. Äußerlich wirkte sich die Veränderung darin aus, daß in den folgenden Jahren manchmal mehr als 70 Schwestern in den Friedenshort eintraten.

Als Frau an leitender Stelle

Eva von Tiele-Winckler stammte aus der preußischen Aristokratie. Im Sommer bewohnte die Familie das Schloß in Miechowitz in Oberschlesien, im Winter lebte man im eigenen Haus in Berlin-Tiergarten. Ihr Vater war durch persönliches Engagement und Erfindungsreichtum zu einem der führenden Bergwerksunternehmer Schlesiens geworden. Von ihm hatte Eva von Tiele-Winckler die ungeheure Energie und das Organisationstalent, den Ordnungsgeist und die Leitungsgaben geerbt.

Schon im kindlichen Spiel begehrte sie gegen die Dominanz ihres Bruders auf. Folgende Erinnerung an ihr neuntes Lebensjahr spricht für sich: „Ein andermal las die neunjährige Eva bei der biblischen Geschichte von Abraham den beigefügten Bibelspruch: Selig ist der Mann, der die Anfechtung erduldet. Da sah sie ihre Mutter mit verwunderten Augen an und sagte: Das finde ich doch sonderbar, daß immer, wenn doch alle Menschen gemeint sind, der Mann gesagt wird. Sie könnten doch ebensogut die Frau sagen! Auf die Entgegnung: Dies geschieht, weil der Mann von Gott zum Herrn der Schöpfung ernannt ist, sagte sie ungläubig lächelnd: Dann brauchen ja aber die Herren nicht so untertänig zu den Damen zu sein, sie machen immer so tiefe Diener, und wenn sie die Damen zu Tische führen, schieben sie ihnen den Stuhl so hin, daß diese sich nur zu setzen brauchen, und dann geht der Herr erst an seinen Platz, – nein, du kannst es mir glauben, man könnte ebensogut in den Sprüchen die Frau sagen!"[23]

Solche Aussprüche lassen die ungewöhnliche Persönlichkeit Eva von Tiele-Wincklers erahnen, die später zur Entfaltung kommen sollte: Sie war eine ausgesprochene Führungspersönlichkeit. Als Frau hatte sie zu dieser Zeit allerdings auch in der preußischen Oberschicht noch kaum eine Chance, entsprechend ihren Gaben zu wirken. Eine unverheiratete Frau dieser Schicht durfte nicht berufstätig sein. Normalerweise blieb ihr nur die Möglichkeit, im engeren Familienkreis tätig zu sein; es sei denn, sie wurde Diakonisse. Mutter Eva wurde in einen Wirkungskreis geführt, der weit über das Normalmaß auch des Diakonissenamtes hinausreichte.

Bevor sie allerdings ein eigenes großes Werk aufbaute, hatte sie sich – ursprünglich gegen ihren eigenen Willen – von Friedrich von Bodelschwingh nach Bethel in die Leitung des dortigen Diakonissenmutterhauses Sarepta berufen lassen. Die Jahre als Vorsteherin von vielen hundert Diakonissen stellten eine hervorragende Schule für ihre spätere Selbständigkeit dar. In Bethel wirkte sie zwar bereits in einem Leitungsamt, wurde aber noch gestützt und begleitet von Vater Bodelschwingh.

Während der Jahre in Bethel überführte sie auch noch das nach dem Tode des Vaters geerbte Vermögen in eine Stiftung, zu deren Stiftungsrat eine Reihe von angesehenen Persönlichkeiten des öffentlichen Lebens gehörten, darunter der amtierende Oberpräsident von Schlesien. Als sie nach sechs Jahren Arbeit in „Sarepta" in den „Friedenshort" nach Miechowitz zurückkehrte, kam die Anfrage, ob sie ein weiteres Waisenhaus Oberschlesiens mit ihren Schwestern betreuen würde. Aufgrund dieser Herausforderung veränderte sich im Verlauf eines längeren Prozesses die Struktur ihrer bisherigen Arbeit entscheidend. Der gesamte – männliche – Stiftungsrat sprach sich gegen eine Erweiterung der Arbeit aus, da die Zinsen aus dem Stiftungskapital eine solche auf keinen Fall mehr zuließen. Mutter Eva aber hörte aus den sich häufenden Anfragen eine göttliche Beauftragung heraus. Darum kaufte sie das neue Waisenhaus kurzerhand als Privatperson.

In Zukunft wollte sie nicht mehr von den Zinsen des Stiftungskapitals, sondern von Gottes täglicher Fürsorge für ihr Werk abhängig sein. Gegenüber den juristisch geschulten Ratsmitgliedern war sie zu einer „Gottesnärrin" geworden. Die bisherigen Mitglieder des Stiftungsrates schieden aus. An ihre Stelle traten Männer und Frauen, die den Weg Mutter Evas aus innerer Überzeugung mitgehen konnten. Der „Friedenshort" mit seinen vielen Kinderheimaten wurde ein Glaubenswerk.

Voraussetzung dafür war, daß die mitarbeitenden Schwestern sich auf diesen Glaubensweg mitziehen ließen. Zuallererst gaben sie selbst von dem wenigen, was sie noch besaßen, damit die laufenden Kosten gedeckt werden konnten. Erst danach war nach Mutter Evas Überzeugung der Weg frei, auch von anderen Fürsorge zu empfangen. Die Schwestern erlebten, daß die eingeschlagene Richtung durch Gottes Fürsorge bestätigt wurde. Wir sahen schon, daß das Werk in weltweite Dimensionen hineinwuchs.

Mutter Eva hat ihr Werk nicht planmäßig aufgebaut. Es war vielmehr jeweils ein Gedanke oder eine Anfrage, die sie beantwortete. Im Gebet suchte sie dann nach Gottes Weisung. Erst nachdem sie dieser gewiß geworden war, stimmte sie einer Erweiterung der Arbeit zu.

Eva von Tiele-Wincklers Leitungsgaben traten auch im Bereich der Seelsorge hervor. In großer Nüchternheit riet sie ihren Mitarbeiterinnen, eigene Grenzen nicht mutwillig zu überschreiten und dadurch Gott zu versuchen. Einer Schwester, die in der Mitternachtsmission tätig war, schrieb sie in einem seelsorgerlichen Brief: „Achten Sie auch darauf, daß Ihre Nerven fest bleiben, schlafen und essen Sie ordentlich! An überreizte Nerven knüpft der Teufel gern an, und das ist gefährlich in solcher Arbeit."[24] Mutter Evas grenzenloses Vertrauen in Gottes Fürsorge hat also nichts mit schwärmerischer Mißachtung der menschlichen Geschöpflichkeit zu tun.

Als eine der ersten evangelischen Frauen predigte sie vor großen Versammlungen von Männern und Frauen. Menschen, die sie gehört haben, bestätigen, daß sie die Gabe der Wortverkündigung besaß. Dazu stand sie auch gegen Einwände von außen. Eine kleine Begebenheit wirft darauf helles Licht: „Lachend hatte einst der Kaiser im Gespräch Mutter Eva mit dem Finger gedroht: Das Weib schweige in der Gemeinde. Aber damals wuchs die vor ihm Stehende einen Zoll höher und sagte in edler Kraft: Der Herr aller Herren hat mir's befohlen. Da schwieg selbst der Kaiser."[25]

Mutter Eva glaubte, daß Gott selbst sie zur Verkündigung berufen habe. Allerdings übernahm sie nie die Aufgaben eines Pfarramts im eigentlichen Sinne. Im „Friedenshort" gab es von Anfang an Anstaltspfarrer, die Gottesdienste hielten und die Sakramente spendeten. Ähnlich wie in katholischen Frauenorden bildeten diese Pfarrer ein Gegengewicht zu einer ausschließlichen Betonung des Weiblichen. Wie viele Äbtissinnen hat Mutter Eva manche Konflikte mit ihnen ausgetragen. Ihrer Persönlichkeit hat das allerdings keinen Abbruch getan. Sie ist statt dessen in diesen Auseinandersetzungen gereift.

„Wir haben den Schatz in irdenen Gefäßen" – völliger Einsatz in Schwachheit und Zusammenbrüchen

Mutter Eva hatte eine nur schwache körperliche Konstitution. Es ist ein wirkliches Wunder, wieviel sie trotz dieser Schwäche geleistet hat. Ihr Wille zu helfen, vermochte sich lange Zeiten hindurch über körperliche Grenzen hinwegzusetzen. Gerade durch Schwächezustände, Krankheitszeiten und Zusammenbrüche wuchsen ihr viele geistliche Erkenntnisse zu. In „Nichts unmöglich" schrieb sie: „Der große Meister braucht zerbrochene Scherben."[26] Gerade in ihren Krankheitszeiten, wo sie außer zu ruhen gar nichts leisten konnte, begriff sie: „Er wirkt, wenn wir von eigenen Werken ruhen." Sie buchstabierte damit am eigenen Leibe nach, was bereits der Apostel Paulus erfahren hatte, daß nämlich Gottes Kraft erst in unserer Schwachheit zur vollen Wirkung kommt. Es war nicht Mutter Evas großartige Leistung, die ihr weitverzweigtes Werk hervorgebracht hat, sondern allein Gottes Kraft durch sie. Ihr wurde deutlich, daß Gott seine Ehre mit niemandem teilen will.

Vorbereitet war diese Erkenntnis durch Eva von Tiele-Wincklers Neigung zu einer mystisch geprägten Frömmigkeit. Ein Werk von Johannes Tauler war das erste Buch, das sie sich selbst gekauft hat.

Häufig kommt sie in seelsorgerlichen Briefen an ihre Schwestern darauf zu sprechen, daß Stille vor Gott die Voraussetzung dafür ist, daß Jesus im Leben eines Menschen wirken kann:

„Möchtest du sein Flüstern hören?
Verschließe dein Ohr für andere Töne.
Möchtest du seine Kraft erfahren?
Werde schwach.
Möchtest du, daß er kräftig in dir wirke?
Höre auf mit eigenen Werken.
Möchtest du, daß er in dir wohne?
Sei arm im Geist.
Möchtest du, daß er zu dir rede?
So schweige.
Soll er sich für dich regen?
Sei still."[27]

In Zeiten der Einsamkeit und Stille hörte sie in besonders intensiver Weise auf Gott, um seine Wegweisung für ihr Leben und Werk zu erfahren. Hier reifte auch ihre Fähigkeit zur Geduld. Sie erkannte, daß der „alte Mensch", der „Mensch ohne Christus", ein Mensch auf der Flucht ist. Indem er vor Gott still wird, hört er auf zu fliehen und wird bereit, seinem Gott zu begegnen.

Zu Zeiten der Stille wurden auch ihre langen Krankheitsphasen. Oft geschah es, daß sie körperlich zusammenbrach und monatelang meist in der Einsamkeit der Schweizer Bergwelt neue Kräfte sammeln mußte. Nachdem sie aus der Leitung von „Sarepta" ausgeschieden war, hatte es sogar ausgesehen, als ob sie sterben müßte. Ihre ganz persönliche Krankheits- und Leidensgeschichte ist eine Illustration dafür, daß wir als Christen den Schatz des Evangeliums nur „in irdenen Gefäßen" weitergeben können.

Diakonie im Welthorizont

Kein Zweifel, auch ihr natürlicher Freiheitsdrang und ihre natürliche Abenteuerlust haben dazu beigetragen, daß ihr Werk weltweite Dimensionen annahm. Ihr Freiheitsdrang äußerte sich bereits in früher Jugend, als sie mit ihrem Bernhardiner stundenlang durch die weiten Wälder Oberschlesiens streifte. Im Berliner Stadthaus spielte sie zusammen mit ihren Geschwistern auf den Dächern des Elternhauses und denen der angrenzenden Gebäude. Wenn sie diese Dächer nicht per Luftsprung erreichen konnten, waren sie mutig und verwegen genug, an der Außenfassade hochzuklettern.

Auch eine romantische Sehnsucht, fremde Völker und Landschaften kennenzulernen, bewegte Mutter Eva. Entscheidend aber blieb doch ihre Entdeckung der diakonischen Dimension des Evangeliums: „Brich den Hungrigen dein Brot und die, so im Elend sind, führe in dein Haus" (Jesaja 58, 7). Daneben inspirierte sie Matthäus 25, 35f: „Denn ich bin hungrig gewesen, und ihr habt mir zu essen gegeben. Ich bin durstig gewesen, und ihr habt mir zu trinken gegeben. Ich bin ein Fremder gewesen, und ihr habt mich aufgenommen. Ich bin nackt gewesen, und ihr habt mich gekleidet. Ich bin krank gewesen, und ihr habt mich besucht. Ich bin im Gefängnis gewesen, und ihr seid zu mir gekommen."

Eva von Tiele-Winckler konnte die soziale Frage weder in Oberschlesien, geschweige denn in Deutschland insgesamt lösen. Gerhart Hauptmann hat in seinem zeitgleichen Schauspiel „Die Weber" das Elend und die Verzweiflung der schlesischen Weber und ihr hilfloses Aufbegehren bewegend geschildert. Es wurde 1893 uraufgeführt. Genau fünf Jahre zuvor hatte Mutter Eva begonnen, ein helles Licht der Hoffnung in ihrer Heimat und weit darüber hinaus in ganz Deutschland anzuzünden.

Zeit ihres Lebens gedachte sie des 27. Februar 1888. Damals fand ihr erster Gang vom Schloß ins Dorf statt, um an Kranken und Armen Gutes zu tun. Bereits kurze Zeit später arbeitete sie wochenlang mit großer Hingabe unter den sterbenden Kindern ihres Heimatdorfes, die an Scharlach, Diphtherie und Krupp erkrankt waren. Seitdem vergaß sie nie mehr ihre Berufung, den Dienst an Kranken und Elenden ihrer schlesischen Heimat.

Es ist auffällig, mit welcher Spontaneität sie Menschen half. Eines Tages beobachtete sie im Zugabteil eine Mitreisende mit einem kleinen Knaben, der erkrankt war. Sie bemerkte die Hilflosigkeit der Mutter. Als diese bei der nächsten Station ausstieg, hatte Mutter Eva plötzlich das Kind in den Armen und trug es neben der bepackten Mutter. Die verdutzte Reisebegleiterin bat sie, ihr den Koffer durchs Fenster zu werfen. Kurz darauf setzte sich der Zug wieder in Bewegung. Eva von Tiele-Winckler brachte das Kind nach Hause, machte die nötigen Umschläge, sorgte dafür, daß ärztliche Hilfe kam und brachte so den ganzen Tag zu. Nach vollbrachter Hilfeleistung erkundigte sie sich nach dem nächsten Zug.

Obwohl sie eine Kinderheimat nach der andern gründete, blieb doch immer deutlich, daß Diakonie ein Werk der Liebe ist und nicht zu bloßem Management verkommen darf. Sie schrieb: „Nie darf ein Geist kluger Berechnung und irdisch menschlicher Überlegung anstelle des heiligen Impulses warmer Jesusliebe treten."[28]

Die Spontaneität ihres Handelns zeigt sich auch im Anfang einer Arbeit unter Gefangenen und Entlassenen. Mutter Eva berichtet davon in „Nichts unmöglich!"[29]: Eines Tages kam ihr beim Anblick einer Gefängnisanstalt das Wort Jesu in den Sinn: „Ich bin gefangen gewesen, und ihr habt mich nicht besucht!" Kurz entschlossen bat sie den Direktor um Besuchserlaubnis. Die Bitte wurde ihr gewährt, und so sollte sie zur Probe ihres Könnens eine Gefangene in ihrer Zelle besuchen, die der Schrecken des Gefängnisses war. Am schlimmsten waren deren Wutanfälle, bei dem sie kürzlich einem Oberinspektor ein Fingerglied abgebissen hatte. Als Strafe hatte sie sechs Wochen Arrest bei Wasser und Brot in dunkler Zelle bekommen. Dort sollte Mutter Eva sie nun besuchen. Eva von Tiele-Winckler ließ sich in die Arrestzelle führen und bat die verbitterte Frau, aus ihrem Leben zu erzählen. Dabei stellte sich ein solches Vertrauen ein, daß Mutter Eva ihr sogar das Evangelium nahebringen konnte. Als die Besuchszeit zu Ende war, bat die Gefangene sie, doch unbedingt zu bleiben.

In Mutter Eva war bei diesem Besuch der Entschluß gereift, eine Eingabe an die Strafvollzugsbehörde zu machen. Sie bat um die Erlaubnis, die sechs Wochen strengen Arrest, die gerade begonnen hatten, mit der Gefangenen absitzen zu dürfen, um ihr in dieser Zeit beizustehen. Der erstaunte Gefängnisdirektor meinte, solch ein Gesuch wäre noch nie bei ihm eingereicht worden.

Es waren Wärme und praktische Liebe, die Mutter Eva die Herzen der Gefangenen aufschlossen. Z. B. vergaß sie bei keinem Besuch, ihre Mitarbeiterin damit zu beauftragen, allen Gefangenen eine Blume zu kaufen.

In „Sarepta" war Mutter Eva zum Dienst in der Gemeinde Jesu eingesegnet worden – nicht wie andere Diakonissen zum Dienst in einer bestimmten Anstalt. Tatsächlich wuchs ihr Arbeitsfeld über Deutschland hinaus in die Welt. Zum Missionsdienst der Schwestern aus dem „Friedenshort" gehörte die Lappen-Mission in Norwegen, die von Eva von Tiele-Winckler selbst begründete Miao-Mission in Westchina, die Hebron-Mission in Südchina, der „Rosengarten", ein Waisenhaus in Guatemala, und die Mitarbeit in der Afrika-Inland-Mission. Über die Arbeit unter den Miaos berichtete regelmäßig eine kleine Missionszeitschrift „Der kleine Bote des Königs".

Am Tag, als sie in den Dienst an den Armen ihrer Heimat berufen worden war, hatte sie folgendes Gedicht geschrieben:

Sei getreu bis in den Tod (Offenbarung 2, 10)

Ich hab gelobt, dir ewig treu zu sein,
dir, Herr, der mich in Ewigkeit erworben,
mein Leben ohne Rückhalt dir zu weihn,
der uns gelebt, gelitten und gestorben.

Ich hab gelobt, für Wahrheit und für Recht
zu streiten, mit ihm will ich stehn und fallen.
Kampf gegen das, was niedrig ist und schlecht,
der Selbstsucht und der Lüge Kampf vor allem.

Ich hab gelobt dem Volk, dem ich entstammt,
anzugehören, bis der Tod uns scheide!
Mit Gottes Hilfe fest und unverwandt
zu ihm zu stehen treu im Glück und Leide.

Erhör mein Flehn, allmächt'ger, heil'ger Gott!
Verleih mir Kraft und gib, daß ohne Wanken
dreifachem Schwur getreu bis in den Tod mein Leben sei.
Wie heiß will ich dir danken.[30]

Mutter Eva ist der in diesem Gedicht zum Ausdruck gebrachten
Berufung bis zu ihrem Tod im Juni 1930 treu geblieben

Weiterführende Literatur

Bekannt geworden ist Mutter Eva nicht zuletzt durch ihre Vorträge
und Bücher. Bereits 1921 erschien: „Wie der Friedenshort entstand",
1926 „Ecksteine des lebendigen Gottes", 1929 „Nichts unmöglich!
Erinnerungen und Erfahrungen von Schwester Eva von Tiele-Winckler". Ihr Biograph wurde Walter Thieme, der Leiter der Berliner
Stadtmission. Seine große Biographie „Mutter Eva" erschien erstmals 1932.

Eine Reihe von Schriften, die zum Teil in den vergangenen Jahren
neu aufgelegt wurden, gibt Einblick in ihre persönliche Frömmigkeit und ihr theologisches Denken: „Geisteswirken im täglichen
Leben", 1991; „Tropfen aus dem Lebensstrom", 1976; „Briefe zum
Lobe Gottes", 1979, um nur einige zu nennen. Sie alle ließen sie zu
einer prägenden Persönlichkeit der deutschen Gemeinschaftsbewegung werden.

Ruth von Kleist-Retzow (1867–1945)

Die Mutter des Widerstands

„Ruth von Kleist-Retzow – die Mutter des Widerstands", so lautet der Titel eines biographischen Romans, der 1991 in Amerika erschienen ist.[1] Was für eine Frau verbirgt sich hinter diesem Titel? Ihr Leben umspannt, um mit Christian Graf von Krockow zu sprechen, das „Jahrhundert der Deutschen". Sie wurde vor der Gründung des Deutschen Reiches durch Bismarck 1871 geboren und hat 1945 noch das Ende dieses Reiches miterlebt. Geboren wurde sie als Gräfin von Zedlitz-Trützschler in einem schlesischen Schloß, gestorben ist sie unter primitiven Bedingungen in einem kleinen Zimmer des zu ihrem pommerschen Gutsbesitz gehörenden Försterhauses.

Zwischen diesen beiden Polen spannt sich ein Leben, das umwälzende gesellschaftliche, politische und weltanschaulich-religiöse Veränderungen bewältigen mußte. Ihr Stand gehörte zur privilegierten preußischen Oberschicht, die auch nach der Gründung des Deutschen Reiches 1871 die Geschicke Preußens und Gesamtdeutschlands maßgeblich mitbestimmte. Etwas abfällig spricht man von den „preußischen Junkern". Doch das Junkertum zeichnete sich nicht nur durch eine konservative politische Haltung aus, sondern war auch von einem ganz bestimmten Ethos geprägt. In ihm war Ruth von Kleist-Retzow tief verwurzelt. Aus diesem Ethos empfing sie die Kraft zur Gestaltung ihres persönlichen Lebens und durch dieses Ethos wurde sie bereit, Verantwortung für ihre Familie und die mit ihr als Gutsbesitzerin verbundenen Arbeiterfamilien zu übernehmen.

Hinzu kam Ruth von Kleists starke Verwurzelung im christlichen Glauben. Große Teile des ostelbischen Adels waren von der Frömmigkeit der Erweckungsbewegung geprägt worden. Tägliche Hausandachten, persönliche Bibellese und persönliches Gebet

waren selbstverständlich. Ein bewußter christlicher Glaube durch-
drang sämtliche Lebensbereiche. In der Unterordnung des eigenen
Willens unter Gott lag für Ruth von Kleist das Zentrum ihrer Frömmigkeit. Aus der Willenshingabe an Gott erwuchs ihre Zivilcourage, mit der sie an einer als richtig erkannten Überzeugung auch
gegen Einspruch und Bedrohung von außen festhielt. Gerade die
Hingabe an Gott verlieh ihr ein Höchstmaß an persönlicher Freiheit. Ein wesentliches Charakteristikum ihres Glaubens lag in der
klaren Verwurzelung im biblischen Wort und in der Anteilnahme
am öffentlichen Leben.

Die Besonderheit dieser Frau läßt sich – wie die Eigenart jedes
Menschen – nicht völlig erklären. Zu vielschichtig sind die Einflüsse,
welche die Persönlichkeit eines Menschen formen. Zudem ist das
Zusammenspiel einzelner Wesenszüge mehr als ihre bloße Summe.
Es ist wohl die Verbindung aller drei genannten Faktoren, die Ruth
von Kleist zu einer starken frommen Frau gemacht haben: Als Glied
des preußischen Adels blieb sie ihr Leben lang verwurzelt in dessen
guten Traditionen; als Gutsbesitzerin besaß sie ein waches politisches Verantwortungsgefühl; als vom Pietismus geprägte Christin
hatte ihre Frömmigkeit einen persönlich-innerlichen Zug. Sicher hat
der frühe Tod ihres Mannes dazu beigetragen, daß sie zu einer
besonders kraftvoll-dynamischen Persönlichkeit heranreifte. Sie
war dadurch gezwungen, unabhängig zu leben und selbständig Entscheidungen zu fällen. Hinzu kamen die politischen Umwälzungen,
die sie zwangen, ihre eigene Position neu zu durchdenken und nach
Wegen zu suchen, wie die einmal als richtig erkannten Grundsätze
an die nächste Generation weitergegeben werden konnten.

Lebensstationen

Ruth von Kleist wurde 1867 auf Großenborau, dem Gut der Eltern
in Schlesien, als drittes Kind des Grafen und der Gräfin Zedlitz-
Trützschler geboren. Bismarck, einer der Studienfreunde des Vaters,
nahm an ihrer Taufe teil. Ruth von Kleist hat daraus später eine
besondere politische Verantwortung für sich abgeleitet. Als sie vierzehn Jahre alt war, gab ihr Vater die Bewirtschaftung seines großen

landwirtschaftlichen Gutes auf. Bismarck hatte ihn zum Regierungspräsidenten von Oppeln (Schlesien) ernannt. Die ersten vierzehn Jahre ihres Lebens aber hat Ruth ganz in der Atmosphäre eines preußischen Rittergutes gelebt, auf dem die seit Jahrhunderten gültige patriarchale Ordnung herrschte. Die sogenannte „Herrschaft" war nicht nur für das eigene wirtschaftliche Wohlergehen verantwortlich, sondern auch für das Leben der gesamten Dorfbewohner. Dazu gehörte die Krankenfürsorge für die auf dem Gut arbeitenden Familien. Das ganze Gutsdorf war ein einheitlicher Organismus, dessen verschiedene Glieder aufeinander angewiesen waren. Die Frage nach seiner Leitung war durch Herkunft geregelt: Wer aus dem Adel stammte, war zur Regierung geboren.

Als Regierungspräsident in Oppeln nahm Graf von Zedlitz eine führende Position in der preußischen Beamtenschaft ein. Ruth verbrachte ihre Jugendjahre in einem Hause, in dem aktuelle politische Fragen eine dominierende Rolle spielten.

Vor allem aber war die Zeit in Oppeln geprägt von ihrer heimlichen Liebe zu Jürgen von Kleist-Retzow. Wie sie selbst, stammte auch er aus einer vom Pietismus geprägten Familie, für die der Gang zur Kirche selbstverständlich war. Den Kleist-Retzows gehörte in Pommern das Rittergut Kieckow mit dem Nebengut Klein-Krössin. Ruth heiratete Jürgen von Kleist-Retzow 1886. Noch im gleichen Jahr wurde Jürgen von Kleist wie sein Vater und Großvater vor ihm im pommerschen Belgard in unmittelbarer Nähe des Gutes Landrat. Bis 1897 wurden Ruth von Kleist und ihrem Mann dort fünf Kinder geboren. In dieser Zeit starb der Vater Hans Hugo, so daß Jürgen und Ruth von Kleist Kieckow und Klein-Krössin erbten. Bald darauf erlag auch Jürgen von Kleist einer kurzen und schweren Krankheit. Ruth wurde Witwe und blieb es bis ans Ende ihres Lebens.

Der Schock über den Verlust ihres Mannes war so stark, daß ihr ganzes Leben vom Schmerz darüber geprägt blieb. Sie war bei seinem Tod erst 32 Jahre alt! In den ersten Wochen nach der Beerdigung stieg sie jede Nacht in die Familiengruft hinunter, um mit ihrem dort aufgebahrten Mann allein zu sein. Einmal in der Woche nahm sie sogar ihre fünf kleinen Kinder mit. Erst ihr Vater konnte seine Tochter davon überzeugen, daß es um der Zukunft der Kinder willen nötig war, Jürgen von Kleist zu bestatten. Ruth begann in dieser Zeit, Erinnerungen an ihren Mann niederzuschreiben. Obwohl diese nie fertig wurden, gewann sie doch dadurch ihr seelisches Gleichgewicht wieder und konnte beginnen, das Vermächtnis ihres Mannes zu erfüllen: Bereit zu sein, durch die Bewältigung der Gegenwart die Zukunft zu gestalten. Im Rückblick auf die Person Jürgen von Kleists schrieb sie: „Er war fromm im wahrsten Sinne des Wortes. Unter Frommsein verstehe ich, daß ein Mensch seine Haltung, sein Tun, sein ganzes Wesen bewußt unter Gottes Willen stellt. Er führte sein Leben in der Zucht, die sich eigene Ungeduld nicht durchgehen läßt, die immer darauf bedacht ist, das Rechte zu tun. Aber er verlangte die gleiche Zucht von seiner Frau und allen, mit denen er zu tun hatte, auch von seinen Untergebenen. Er war wahrhaftig und gerecht und treu."[2] In dieser Haltung versuchte nun auch Ruth von Kleist ihr Leben als Witwe zu gestalten und ihre Kinder zu erziehen.

Nur selten übernahm in Pommern die Witwe eines Gutsbesitzers persönlich die Verwaltung eines Gutes. Auf Zureden ihres Vaters stellte sich Ruth von Kleist jedoch dieser Aufgabe, um ihrem ältesten Sohn Hans-Jürgen den Familienbesitz zu sichern. Dank der Hilfe des Vaters und anderer guter Freunde aus der weiteren Familie gelang es ihr sogar, Kieckow in den folgenden Jahren von den drückendsten Schulden zu befreien.

Um ihren fünf Kindern eine gute Schulbildung zu ermöglichen, mietete sie 1898 in Stettin eine Wohnung. Stettin lag an der Mündung der Oder in die Ostsee und war die größte Stadt Pommerns. Zwei Tage im Monat verbrachte Ruth von Kleist auf Kieckow, um mit dem Gutsverwalter die wichtigsten wirtschaftlichen Vorgänge zu besprechen und durch ihre Präsenz dafür zu sorgen, daß sich die Bewohner des Gutes nicht als von ihrer Herrschaft abgeschrieben betrachteten.

In die Stettiner Kinderpension nahm sie zu ihren eigenen Kindern noch zwei Pflegesöhne auf, Gottfried und Herbert von Bismarck. Beide stammten aus der weiteren Familie und erhielten auf diese Weise die Möglichkeit zum Besuch eines öffentlichen Gymnasiums. Ruth von Kleist erwies sich in diesen Jahren als außerordentlich begabte Pädagogin, der es sogar gelang, mit den Problemen pubertierender Jugendlicher fertigzuwerden.

Vor allem zwei Dinge beunruhigten Ruth von Kleist damals. Als Besitzerin eines hochverschuldeten Gutes hatte sie nicht die Mittel, eine standesgemäße Mitgift für ihre drei Töchter aufzubringen. Hier erkannte sie sich zum ersten Male als Gefangene des alten preußischen Adelssystems. Durch ihren Bruder Robert, der zwölf Jahre lang Hofmarschall Kaiser Wilhelms II. war, gewann sie einen tiefen Einblick in die korrupte höfische Welt des wilhelminischen Deutschland, vor allem in die Unfähigkeit Wilhelms II., auf die politischen Herausforderungen angemessen zu reagieren.[3]

1914 brach der Erste Weltkrieg aus, der das Ende des wilhelminischen Deutschland und damit auch das Ende des Bismarckschen Systems in Europa bringen sollte. Mit Ausbruch des Krieges kehrte Ruth von Kleist nach Kieckow zurück, um den Gutsbetrieb noch einmal selbst zu leiten. Zusammen mit ihr fanden sich auch ihre drei Töchter ein, z. T. mit ihren Kindern, so daß mit der Frau ihres Sohnes, des jungen Besitzers von Kieckow, dort fünf Frauen das Regiment führten.

Der Krieg war für die pommersche Bevölkerung zu Kriegsbeginn ein bedrängend nahes Geschehen. Die russische Armee hatte große Teile Ostpreußens besetzt und auch die deutschen Provinzen Polens eingenommen. So lebte man bis zur Schlacht bei Tannenberg in Angst vor einer russischen Invasion. Außerdem waren ständig Gefallene in der weiteren Verwandtschaft und im eigenen Dorf zu beklagen. Im vorletzten Kriegsjahr fiel Konstantin, der Lieblingssohn Ruth von Kleists, als Pilot.

Wie die Männer im Feld, war Ruth von Kleist fest entschlossen, alles ihr Mögliche beizutragen, daß Deutschland den Krieg gewann. Dazu organisierte sie eine Aktion, um neue Mittel für die kämpfende Truppe zusammenzubringen. Von jedem Bürger im Belgarder Bezirk wurden Gold und Edelsteine eingesammelt. Sie selbst ging mit ihren Töchtern mit guten Beispiel voran und opferte ihre Brillanten, die eigentlich als Erbstücke für die nächste Generation gedacht waren. Aber auch ihr Engagement konnte nicht verhindern, daß Deutschland im November 1918 kapitulierte. Wilhelm II. ging nach Holland ins Exil. Ihr Leben lang hat Ruth von Kleist die Abdankung des Kaisers als Fahnenflucht betrachtet.

Mit dem Ende des Krieges wurde Deutschland zu einer demokratischen Republik mit einem Reichskanzler, der aus der Sozialdemokratischen Partei stammte. Zu Beginn der Weimarer Republik fanden heftige revolutionäre Streik- und Umsturzbewegungen statt, die sich bis in die deutschen Ostgebiete erstreckten. Nur mit Mühe konnten sie eingedämmt und durch die Reichswehr niedergeschlagen werden. Dadurch blieb der Großgrundbesitz erhalten. Man wirtschaftete nach dem Krieg unter ähnlichen Bedingungen weiter wie vor dem Krieg. Allerdings zog der technische Fortschritt auch auf den Gütern ein: Elektrizität wurde installiert und ein Maschinenpark zugelegt.

1922 gab Ruth von Kleist ihre Stadtwohnung in Stettin auf und zog auf ihren Witwensitz nach Klein-Krössin. Dieses Haus sollte ein Ort zum Lesen und Schreiben, zur Besinnung und zum Empfang von Gästen werden. Tatsächlich war Ruth von Kleist nur selten allein. Häufig kamen Menschen und holten sich Rat bei ihr. Zudem half sie als Hebamme bei den Geburten im Gutsdorf.

Die 20er Jahre der Weimarer Republik waren eine Zeit der Klärung und des Neuaufbruchs. Deutschland war durch den Frieden von Versailles schwer gedemütigt worden und befand sich vor allem in den ersten Jahren nach dem Krieg in einer permanenten Finanzkrise. Verschiedene gesellschaftliche Gruppen bemühten sich angesichts dieser Situation um eine Erneuerung der Gesellschaft. Dazu wurden auch in den pommerschen Gebieten verschiedene Initiativen ins Leben gerufen, an denen sich Ruth von Kleist mehr oder weniger intensiv beteiligte. So nahm sie an den Trieglaffer Konferenzen in Hinterpommern teil, die Elisabeth von Thadden einberufen hatte. Eine Gruppe führender Persönlichkeiten des kirchlichen und gesellschaftlichen Lebens tauschte sich bei diesen Zusammenkünften über den Sozialstaat, die Probleme der Arbeiterschicht, über ökumenische Fragen und Möglichkeiten eines Weltfriedens aus. In der Nähe von Klein-Krössin fanden die Schmenzin-Sommer, wehrpolitische Studentenlager, statt.[4] Jungen Männern aus Berlin wurde sportliche Betätigung geboten und gleichzeitig ein patriotisches Gefühl vermittelt.

Am stärksten engagierte sich Ruth von Kleist aber in der Berneuchener Bewegung. Jahr für Jahr fanden in Berneuchen in der

Neumark Konferenzen statt, die von Theologen und Laien besucht wurden. Ruth von Kleist war die einzige Frau, die namentlich eingeladen worden war. Berneuchen ging es um eine Erneuerung der evangelischen Kirche. Man knüpfte dazu über die Aufklärung hinweg an die Tradition des reformatorischen Gottesdienstes an.

1925 erschien Ruth von Kleists Buch „Die soziale Krisis und die Verantwortung des Gutsbesitzers", in dem sie sich mit den Verhältnissen auf dem Land auseinandersetzt. Es zeigt, daß sie damals noch ganz in den konservativen Grundüberzeugnungen ihres Standes befangen war. Sie legt darin ein entschiedenes Plädoyer für die traditionelle Aufgabe der Großgrundbesitzer ab: Ein Gutsbesitzer ist ein kleiner König. Neben seinen großen Rechten hat er aber gleichgroße Pflichten. Ihm obliegt es, Tag und Nacht für das Wohl der ihm Untergebenen einzutreten und zu sorgen.

Spätestens 1930 las ein pommerscher Verwandter Ruth von Kleists, Ewald von Kleist-Schmenzin, der Führer der konservativen Volkspartei Pommerns, Hitlers „Mein Kampf".[5] Er war so aufgewühlt von der Lektüre, daß er Ruth von Kleist und deren Sohn Hans-Jürgen um ein Gespräch bat. Ewald von Kleist hatte erkannt, daß Hitler sich der preußischen Geschichte bemächtigte und die preußischen Leitbilder von Friedrich dem Großen bis zu Bismarck für seine Zwecke mißbrauchen wollte. Damals wurde ihnen klar, daß Deutschland dem sicheren Abgrund entgegenging, wenn Hitler an die Regierung kommen sollte. Bemerkenswert ist auch, daß ihnen schon damals der antichristliche Charakter von Hitlers Programm aufging. 1932, ein Jahr vor der Machtergreifung der Nationalsozialisten, veröffentlichte Ewald von Kleist seine Schrift „Der Nationalsozialismus – eine Gefahr".[6] Es war ein letztes Plädoyer an seine konservativen Parteifreunde zu erkennen, wohin die nationalsozialistische Propaganda Deutschland führen würde. Leider wurde dieses Buch von kaum jemand gelesen. Fabian von Schlabrendorff bezeichnet Ewald von Kleist als den vor Kriegsausbruch bedeutendsten Kopf der Verschwörung gegen Hitler.[7]

Noch an einer anderen Stelle in der engeren Familie Ruth von Kleists war man 1933 unmittelbar politisch engagiert. Es handelte sich um den Schwiegersohn Hans von Wedemeyer. Dessen Freund aus dem Ersten Weltkrieg, Franz von Papen, war im Mai 1932 von

Reichspräsident Hindenburg zum Reichskanzler ernannt worden. Bereits im November mußte Papen als Reichskanzler zurücktreten. Trotzdem wurde er von Hindenburg gebeten, ein mehrheitsfähiges neues Kabinett zusammenzustellen. Dabei half ihm sein alter Freund Hans von Wedemeyer. In der für Deutschland entscheidenden Zeit vom November 1932 bis Mai 1933 war er sowohl bei Unterredungen mit Hitler, als auch mit Göring und anderen Nazi-Führern als dritter Mann zugegen.

Hans von Wedemeyer hatte den Auftrag, ein Kabinett ohne Beteiligung der Nationalsozialisten zusammenzubringen. Prophetisch hat er damals – genau wie Ewald von Kleist-Schmenzin – das Unheil vorausgesehen, das Deutschland treffen würde, wenn Hitler zur Macht käme. Seine Frau Ruth von Wedemeyer schreibt von dieser Zeit: „Dann kam es vor, daß er mitten in der Nacht aufrecht in seinem Bett saß und alle Schrecken kommen sah, die uns dann tatsächlich beschieden waren: den Zusammenbruch der alten Welt ohne Hoffnung . . ."[8] Ein anderer Schwiegersohn Ruth von Kleists, Herbert von Bismarck, trat nach der national-sozialistischen Machtergreifung von seinem Posten als Staatssekretär im preußischen Innenministerium zurück und kehrte auf sein Gut Lasbeck in Pommern zurück. Mit ihm schied sein Assistent Fabian von Schlabrendorff aus dem preußischen Innenministerium aus. Durch seine Vermählung mit Herberts ältester Tochter Luitgarde wurde er zum angeheirateten Enkel Ruth von Kleists. Diese Aufzählung läßt nur ahnen, wie stark Ruth von Kleist von den durch die nationalsozialistische Machtergreifung ausgelösten Veränderungen innerlich mitbetroffen war.

Die Naziherrschaft äußerte sich auch in einer ideologischen Umerziehung des deutschen Volkes, die weder vor Schulen noch Jugendorganisationen haltmachte. Ruth von Kleist wurde deshalb von ihrem Sohn Hans-Jürgen gebeten, noch einmal eine Kinderpension in Stettin zu eröffnen. Diesmal sollte sie dort nicht mehr ihre eigenen Kinder, sondern ihre Enkel erziehen. Ab Juni 1935 übernahm die inzwischen 68 Jahre alte Großmutter ihre neue Aufgabe. Werner Koch, ein häufiger Gast in der Stadtwohnung, hat das Leben in diesem Familieninternat anschaulich beschrieben.[9] Der ganze Tagesablauf wurde von christlichem Geist und preußischem Pflichtgefühl bestimmt. Jedes der Kinder hatte am Morgen nach dem Wecken unverzüglich das Bett zu verlassen und fünf Minuten Stille für das Morgengebet einzuhalten. Beim Mittagessen präsidierte die Großmutter die große Mittagstafel. Der Reihe nach berichteten die Enkel und Enkelinnen von ihren Erlebnissen in der Schule. Wurde dabei eine nationalsozialistische Beeinflussung deutlich, korrigierte die Großmutter diese sofort und energisch. Nach dem Abendessen legte Ruth von Kleist während der Andacht Bibeltexte aus, über die sie am Tag nachgedacht hatte.

In unmittelbarer Nähe von Stettin war 1935 ein Predigerseminar der Bekennenden Kirche errichtet worden, wohin Dietrich Bonhoeffer als Direktor berufen worden war. Von Anfang an hat Ruth von Kleist das Predigerseminar materiell und geistig unterstützt. In dieser Zeit entstand ihre Freundschaft mit Dietrich Bonhoeffer. Durch ihn bekam sie unmittelbaren Anteil am Kampf der Bekennenden Kirche.

In einem Brief an den bereits erwähnten Finkenwalder Seminaristen Werner Koch schrieb sie: „In einer merkwürdigen Zeit leben wir. Und doch muß man ja immer wieder danken, daß das arme unterdrückte Christentum in der Not so lebendig wird, wie ich es in meinen 70 Jahren noch nie erlebte. Welch ein Beweis für seine Wirklichkeit! Seit über 40 Jahren habe ich mich um die Erstarrung der Kirche gesorgt. Ach, es mußte ja einmal so kommen, daß sie sich von neuem auf ihren Auftrag besann. Und Christentum ist Leiden. Aber Leiden ist Sieg im Glauben" (Brief vom 24. 2. 1937).[10]

Ruth von Kleist war glücklich über die Erneuerung der Kirche: „Es geht mir, wie Ihnen, daß ich unter vielen Sorgen, auch persönlicher Art, Danklieder anstimmen mag, weil das Leben, das so lange tot zu sein schien, lebendig geworden ist."[11] In dieser Zeit kirchlichen Aufbruchs und kirchlicher Verfolgung fingen die Geschichten der Apostelgeschichte an, ganz neu zu ihr zu sprechen. Mit vielen anderen Christen erlebte sie, daß die in der Bibel bezeugten Erfahrungen sich mit ihren eigenen deckten: „Ich lese jetzt mit meinen Enkeln die Apostelgeschichte fortlaufend. Welche Parallelen! Hoffentlich hat Ihr Werner seine Bibel. Der Gedanke beschäftigt mich oft" (Brief vom 19. 8. 37 an die Braut Werner Kochs, der in ein KZ gebracht worden war).[12]

Neben der Bibel wurden das Gebet und das Erlebnis christlicher Gemeinschaft zu entscheidenden Merkmalen ihres Glaubens. „Begreift man nicht erst in solcher Zeit, was es bedeutet, Gemeinschaft miteinander zu haben?"[13] „Nur nicht nachlassen im Gebet. Es ist die einzige Hilfe für uns und für unsere Lieben" (Brief vom 4. 3. 38 an die Braut Werner Kochs).[14] Immer wieder versicherte Ruth von Kleist der Braut Werner Kochs ihre Fürbitte: „Die drei im KZ befindlichen Pastoren sind der Gegenstand meiner unaufhörlichen Fürbitte ... Ich kann nicht mehr beten: ‚Befreie sie!', denn ich glaube, daß Gott, der ja weiß, wie heiß dieser Wunsch ist, sie absichtlich dort sein läßt. Sondern: Gib ihnen die Kraft, alles so zu tragen, daß sie sagen können: In dem allen überwinden wir weit, ja so weit, daß sie die Leiden nicht mehr spüren, weil Jesus neben ihnen steht und sie selbst trägt."[15]

Die Frömmigkeitspraxis Ruth von Kleists wurde begleitet von intensivem theologischen Nachdenken. Ihre Briefe zeigen, daß Dietrich Bonhoeffers Theologie dabei die entscheidende Rolle spielte: „Ich habe jetzt ein Buch gelesen von Bonhoeffer: ‚Nachfolge' (im Kaiser-Verlag in München). Es ist mir zu einem ganz großen Geschenk geworden, weil es mir Antwort gibt auf jahrzehntelange Fragen. Es ist auch – obgleich schwere Stellen darin vorhanden sind – für den im Geistlichen geübten Laien ganz verständlich. Ich lese es zum 2.ten Male und werde es noch oft, um Klarheit zu gewinnen, lesen" (Brief an die Braut Werner Kochs).[16]

Ruth von Kleist unterstützte auch die volksmissionarischen Wochen der Bekennenden Kirche. Während eines solchen Experiments in Belgard wohnte Dietrich Bonhoeffer auf Kieckow. Die Seminaristen aus Finkenwalde hielten abends in verschiedenen Kirchen Bibelansprachen, die Bonhoeffer abwechselnd von Kieckow aus besuchte. Auch wenn das alte Patronatswesen unter den Nazis abgeschafft worden war, hatten die adligen Gutsbesitzer doch immer noch durch ihre herausgehobene gesellschaftliche Stellung Einfluß und Mitspracherecht im kirchlichen Leben ihrer Gutsdörfer.

Durch die Freundschaft mit Dietrich Bonhoeffer nahm Ruth von Kleist auch direkt Anteil an der Auseinandersetzung der Bekennenden Kirche mit den staatlichen Behörden. Bonhoeffer gab in dieser

Zeit immer wieder die Adresse der Stettiner Wohnung Ruth von Kleists an jüdische Mitbürger weiter. Sie warteten dort auf eine Möglichkeit, nach Schweden zu emigrieren. So beherbergte sie im August 1938 zwei junge christliche Jüdinnen, die versuchten, mit ihren Männern das Land zu verlassen.[17] Im zunehmend von der Nazi-Ideologie beherrschten Deutschland war ein solches Verhalten eine mutige Tat.

In ihrem Familienkreis begann sich nun auch der politische Widerstand gegen Hitler stärker zu formieren. Ewald von Kleist-Schmenzin war unmittelbar an Umsturzplänen gegen Hitler im Amt für Spionageabwehr von Admiral Canaris und General Oster beteiligt.[18] Mitwisser solcher Pläne war auch Ruths Sohn Hans-Jürgen. Die Putschpläne scheiterten, weil die Friedenssehnsucht der Alliierten Hitler ungestraft das Sudetenland annektieren und später die Rest-Tschechoslowakei besetzen ließ.

Ruth von Kleist scheinen in dieser Zeit auch endgültig die Augen über die wirkliche innere Situation des pommerschen Adels aufgegangen zu sein. Sie erkannte das Versagen der alten staatstragenden Schicht angesichts der Herausforderungen des nationalsozialistischen Unrecht-Regimes. In einem Brief vom 20. 1. 1943 an Werner Koch schrieb sie: „Was Sie über die Versäumnisse des preußischen Adels sagen, entspricht ganz meiner Ansicht. Zu viel Tradition, zu wenig lebendiger Glaube. Das konnte ja nicht durchhalten, wenn die Zeit böse wurde. Es ist eine Beobachtung, die mich immer besonders unglücklich macht ... Aber doch ist es ja Unsinn zu denken, daß man diese oder jene Eigenschaften bewahren könne. Die Tradition muß eben in jedem Einzelfall vom lebendigen Glauben erfüllt werden."[19]

Im Frühjahr 1939 beschloß die Familie, das Kinderpensionat in Stettin zu schließen. Man bereitete sich auf den Krieg vor. Ruth von Kleist behielt die Wohnung allerdings als Aufenthaltsort für den Winter.

Als der Krieg am 1. September begann, wurden sofort zahlreiche Verwandte Ruth von Kleists eingezogen. Im Mai 1940 schrieb sie in einem Rundbrief an ihre Kinder im Feld – einen Sohn, einen Schwiegersohn, Neffen, Enkelsöhne, angeheiratete Enkelsöhne, Patensöhne und junge Freunde: „Was kann ich denn anderes für Euch tun, als

Euch in meine Gebete einzuschließen. Es ist etwas Wunderbares –
die Gebete und das Versprechen, daß Gott sie hört. Natürlich kann
ich nicht einfach beten, ‚Bitte, laß meine Lieben nicht im Krieg fallen'. Dieses Leben ist ein wertvolles Geschenk, aber es ist nicht das
höchste Gut. Deshalb beten wir, Gott möge Euch zu jeder Zeit
behüten, und die Kraft, die von Ihm kommt, möge immer stärker
sein als Euer Leid, Eure Gefahr und Eure Ängste ..."[20]

Ruth von Kleist hat Gott nicht zum Erfüllungsgehilfen ihrer
menschlichen Wünsche degradiert. Vielmehr ging es ihr darum, daß
der Glaubende sich in jeder Situation zu bewähren lernt. Einer ihrer
Enkel, Hans Otto von Bismarck, fiel im Juni 1940, erst zwanzig
Jahre alt. Ruth von Kleist schrieb: „... wir bangen ständig um unseren Glauben, wenn Gott uns solche Schicksalsschläge zumutet. Wie
könnte es auch anders sein, denn wir haben Glauben nicht auf Vor-
rat ... Leere Dich, damit Gottes Gnade die Leere füllen kann. Es
ist ein wahrer Trost, sich daran zu erinnern, daß Christus weiß, wie
schwer es ist."[21]

Bereits im September 1937 war das Predigerseminar in Finkenwalde von der Gestapo geschlossen worden. Allerdings konnte die
Arbeit in Sammelvikariaten noch bis 1940 fortgesetzt werden.
Danach begann Bonhoeffers aktive Mitarbeit in der Verschwörung
gegen Hitler. Auch während dieser Zeit besuchte Bonhoeffer immer
wieder Klein-Krössin, Kieckow und Schmenzin. In Klein-Krössin
hielt Dietrich bei seinen Besuchen regelmäßig die Morgenandacht.
In einem Brief an seinen Freund Eberhard Bethge schrieb er: „Ich
freue mich hier an der täglichen Morgenandacht, die mich zur Auslegung nötigt und in der ich ebenso wie beim Lesen der Bibel sehr an
Dich und Deine Arbeit denke. Der fest eingeteilte Tag macht mir
Arbeit und Gebet ebenso wie den Umgang mit den Menschen leicht
und erspart mir die Beschwerden, die seelisch, leiblich und geistlich
aus der Unordnung kommen. Neulich allerdings hat mich ein
schwerer Herbststurm ganz schwermütig gemacht und es war gar
nicht so leicht, das Gleichgewicht wiederzufinden."[22] In Klein-
Krössin arbeitete Dietrich Bonhoeffer an seiner Ethik. Stellvertretend für die anderen am Widerstand beteiligten Männer entwickelte
er darin seine Gedanken über Stellvertretung und Schuldübernahme
angesichts eines Unrechtsregimes.[23] Mit Ewald von Kleist-Schmen-

zin, dem Nachbarn von Kieckow, war Bonhoeffer sich darüber einig, daß Deutschland den Krieg verlieren müsse, damit die westliche Zivilisation überleben könne.

1941 erlitt Ruth von Kleist in Stettin einen leichten Schlaganfall. In dieser Zeit fielen während des Rußlandfeldzugs kurz hintereinander ihre Enkel Jürgen Christoph und Hans Friedrich. Sie konnte sich nur damit trösten, daß beide im Glauben an den Auferstandenen gestorben waren. Angesichts ihres Todes wurde Ruth von Kleist unsicher, ob nicht auch Dietrich Bonhoeffer und Eberhard Bethge das Schicksal des deutschen Volkes an der Front teilen müßten. Sie schrieb an Eberhard Bethge: „Eine neue Zugehörigkeit zu den furchtbaren Gefahren ist in mir wahr geworden ... Man will irgendwie nicht ausgeschlossen sein von dem, was als unerbittliches Schicksal und Schuld über uns gekommen ist. Und das ist es auch, wenn ich es sagen darf, was mich jetzt zum ersten Mal unsicher werden läßt an Ihrem und Dietrichs Weg in dieser Zeit. Gehören wir nicht mit hinein in diese Verflochtenheit und müßten wir nicht eben auch dort, wo sie ausgefochten wird, – ohne abzuwägen – unsere geistlichen Kräfte einsetzen? Würden wir nicht zielsicherer unseren Weg fortsetzen, wenn wir dieser letzten Wegführung nicht ausweichen? Ich weiß nicht, ob Sie verstehen können, was ich empfinde. Dietrich würde diesen Gedanken wahrscheinlich gänzlich ablehnen ... Etwas in mir ist noch sehr zerrissen. Wenn unsere Nachrichten von den ‚unvorstellbaren Verlusten, die wir dem Feind zufügen‘ sprechen, geht es mir wie ein Stich durch die Seele ...“[24]

Sie wußte nicht, daß auch Dietrich Bonhoeffer 1939 unmittelbar vor Kriegsbeginn nach Deutschland zurückgekehrt war, um an dessen Geschick teilzunehmen. Er schrieb später aus der Haft an seinen Freund und späteren Biographen Eberhard Bethge: „Du mußt übrigens wissen, daß ich noch keinen Augenblick meine Rückkehr 1939 bereut habe ... Und daß ich jetzt sitze ..., rechne ich auch zu dem Teilnehmen an dem Schicksal Deutschlands, zu dem ich entschlossen war.“[25] Beide – sowohl Ruth von Kleist wie auch Dietrich Bonhoeffer – waren sich also darin einig, als Christen am Schicksal des eigenen Volkes teilnehmen zu müssen, um ihren christlichen Glauben in der Wirklichkeit des gelebten Lebens zu bewähren.

Diese Gedanken hinderten Ruth von Kleist übrigens nicht daran, klar das Verbrecherische des durch Hitler vom Zaun gebrochenen Krieges zu erkennen. Ihr Enkel Alexander Stahlberg berichtet von einer Begegnung in Klein-Krössin während seines Heimaturlaubs von der russischen Front 1942. Sie soll damals zu ihm gesagt haben: „Ich bin nicht gegen einen Krieg als letztes Mittel der Politik. Doch dieser Krieg ist ein verbrecherischer Krieg, und seine Verursacher sind Verbrecher. Es könnte unserem deutschen Vaterlande nichts schlimmeres geschehen, als daß wir diesen Krieg gewinnen würden."[26]

In der Adventszeit 1941 war Dietrich Bonhoeffer mehrere Wochen in Kieckow, wo er die Morgen- und Abendandachten im großen Speisesaal des Herrenhauses vor über vierzig Personen hielt. Von dort aus besuchte er regelmäßig Ruth von Kleist in Klein-Krössin. Bei einem seiner Besuche begegnete er dort Maria von Wedemeyer, eine Enkelin Ruth von Kleists. Dabei verliebte er sich augenblicklich in sie. Aufgrund der schwierigen Kriegsumstände und seiner Tätigkeit als Doppelagent im Amt von Admiral Canaris waren ihm jedoch die Hände gebunden, weitere Schritte in Richtung einer näheren Verbindung zu unternehmen.

Erst im Herbst 1942 bot sich dazu Gelegenheit. Ruth von Kleist wurde im Oktober in Berlin am Grauen Star operiert. Maria von Wedemeyer leistete ihr während der wochenlangen Genesungszeit Gesellschaft. Da auch Dietrich Bonhoeffer sich in dieser Zeit in Berlin aufhielt, sahen die beiden sich täglich am Bett der Großmutter. Diese versuchte, ihnen Möglichkeiten zu schaffen, in denen sie sich allein sprechen konnten. Am Ende der Krankenhauszeit haben sie sich heimlich verlobt. Allerdings war Marias Mutter Ruth von Wedemeyer noch nicht bereit, einer öffentlichen Bekanntgabe der Verlobung zuzustimmen. Erst nachdem Dietrich Bonhoeffer im April 1943 verhaftet worden war, gab sie ihr Einverständnis.

Auch nach seiner Verhaftung nahm Ruth von Kleist intensiven Anteil an Dietrich Bonhoeffers Ergehen im Gefängnis: „Er hat zu meiner Freude die Möglichkeit zur Arbeit. Seine Briefe an die Eltern sind wahrhaft erhebend. Mehr kann ich Ihnen nicht erzählen" (Brief vom 4. 11. 1943 an Werner Koch).[27]

Mit der Kapitulation von Stalingrad am 31. 1. 1943 war im Krieg die entscheidende Wende eingetreten. Es ist erstaunlich, mit welcher inneren Festigkeit die hochbetagte Ruth von Kleist in dieser Zeit der Gefahr ins Auge sah, der sie zusammen mit ihren Angehörigen durch das Näherrücken der russischen Front ausgesetzt war: „Sie sind ja nun, wie auch wir hier, schon in gefährdeter Nähe des Kriegsschauplatzes. Es gehört ein tapferes Herz dazu, sich nicht beunruhigen zu lassen. Hier kommen nun schon die Flüchtlinge aus Ostpreußen an, die nichts gerettet haben. Aber das ist ja nicht das Schlimmste. Wir selbst bedürfen Ihrer Fürbitte, weil mein Sohn mit vielen Standesgenossen ohne jeden erkennbaren Grund vor 14 Tagen festgenommen wurde und bisher nicht frei gelassen ist. Die Haft ist so, daß sie hermetisch abgeschlossen sind von jeder Nachricht und jedem Zutritt . . . Aber, wo soviel Tausende leiden müssen, wollen wir nicht klagen, daß es uns auch trifft. Der Jammer, der durch die ganze Welt geht, ist ja zu furchtbar" (Brief an Werner Koch).[28]

Hans-Jürgen von Kleist war im Zusammenhang mit der Verschwörung des 20. Juli 1944 verhaftet worden. Er wurde allerdings gerade noch rechtzeitig vor Kriegsende freigelassen. In einem Brief Ruth von Kleists vom 26. 2. 1945 an Dita Koch, unmittelbar vor der Besetzung Kieckows durch die russische Armee, heißt es: „Wir sind ja wie in der Mausefalle. Hinter uns und seitwärts der Russe, vor uns das Meer, Haus und Dorf voller Flüchtlinge, so daß es oft schwierig ist, mit Arbeit und Lebensmitteln durchzukommen. Aber wir haben das große Glück, daß mein Sohn kürzlich nach 7 Monaten heimgekehrt ist . . . Wie stellt uns Gott auf die Probe! Vier der mir bekannten Gutsbesitzer in der Neumark sind von den Russen ermordet worden. Sollte uns ein gleiches Schicksal treffen, so wollen wir es aus Gottes Hand nehmen."[29]

Während man in Kieckow alles für den Treck nach Westen vorbereitete, standen Ewald von Kleist und Fabian von Schlabrendorff in Berlin vor dem Volksgerichtshof. Mitten in der Verhandlung wurde dessen Präsident Roland Freisler beim Bombenangriff von einem herabstürzenden Balken erschlagen.[30]

Inmitten der sich überstürzenden Ereignisse verlor Ruth von Kleist nicht den Glauben, in Gott geborgen zu sein: „Gott aber kann Mauern um uns bauen, und wir haben in der letzten Zeit soviel schützende Hilfe erfahren, daß es uns undenkbar wäre, ihm nicht zu vertrauen" (Brief an Dita Koch vom 26. 2. 1945).[31] Tatsächlich blieb Kieckow und Klein-Krössin das Schicksal so vieler anderer pommerscher Adelsgüter erspart. Die Herrenhäuser blieben erhalten, und niemand von der Gutsherrschaft wurde von den Russen erschossen. Auf der Flucht vor der russischen Armee waren die Kieckower von dieser überrollt worden, hatten sich jedoch rechtzeitig in dem der Straße benachbarten Wald verbergen können. Nach sechs Tagen wurden sie von russischen Soldaten jedoch entdeckt und gezwungen, nach Kieckow zurückzukehren. Hans-Jürgen von Kleist mußte zur Vernehmung nach Moskau.

Ruth von Kleist und ihre Schwiegertochter fanden Unterkunft im Haus des Försters in Kieckow. Im Herrenhaus war eine Molkerei eingerichtet worden. Obwohl Ruth von Kleist nicht mehr gut gehen konnte und fast blind war, arbeitete sie im Kindergarten und gab Bibelunterricht in der Schule. Am 8. September 1945 war sie gerade auf dem Weg zur Schule, als sie aus dem Haus des Försters kommend stolperte und die Steintreppe hinunterfiel. Man stellte einen schweren Beinbruch fest.

Gleichzeitig hatte ihre Tochter Ruth von Wedemeyer im sicheren Westfalen den Eindruck, unbedingt noch einmal in das russisch besetzte Pommern reisen zu müssen. Sie wußte nicht, wer sie rief. „Ich wußte nur, daß eine Not mich zwingend forderte und daß mich nichts daran hindern durfte zu reisen."[32] Nach einer abenteuerlichen Reise traf Ruth von Wedemeyer am 1. Oktober in Kieckow ein. Sie konnte noch mit ihrer Mutter sprechen, bevor diese starb. „Nach geraumer Zeit fragte sie noch einmal: ‚Fabian lebt?' und ‚Dietrich lebt auch?' Ich verneine. Das ist die letzte Frage an mich. Sie zeigt keinen Schmerz mehr. Offenbar mangelt die Kraft, die Empfindungen noch auszudrücken. Vielleicht ist aber auch die Freude, ihn nun wiederzusehen, größer als die Trauer."[33] Man feierte noch am Sterbebett eine gemeinsame Abendmahlsfeier mit dem herbeigerufenen Pastor. Schon eine halbe Stunde danach tat sie ihren letzten Atemzug.

Zur Beerdigung Ruth von Kleists bekamen die Arbeiter den Nachmittag frei, weil der russische Kommandant gesagt hatte: „Frau Kleist war eine großartige Dame". Seit der russischen Besetzung war das für die Arbeiter der erste Ruhetag seit sieben Monaten.[34] Ruth von Wedemeyer trat allein den Rückweg in den Westen Deutschlands an. Ihre Schwägerin Mieze von Kleist blieb so lange bei den alten Bewohnern von Kieckow, bis sie mit einem Zug des Roten Kreuzes im Januar 1946 ausreisen mußte.

Verwurzelung im Ethos des Preußentums

Das Preußentum ist durch das Dritte Reich in einem unvorstellbaren Ausmaß vor den Augen der Welt diskreditiert worden. Die Alliierten, Amerika, England, Frankreich und die Sowjetunion, zogen damals eine direkte Linie von Friedrich dem Großen über Bismarck und Wilhelm II. zu Hitler. Damit wurden die preußischen Tugenden an den Pranger gestellt. Sie sollten angeblich verantwortlich sein für das fürchterliche Desaster nicht nur des deutschen Volkes, sondern auch für das ungeheuerliche Elend und Unrecht, das durch Nazi-Deutschland über die europäischen Nachbarn, vor allem aber über die europäische Judenschaft gekommen war. Die Welt suchte nach einer Erklärung für die Greueltaten, die von vielen Deutschen – nicht nur in den Konzentrationslagern – begangen worden waren.

Auf diesem Hintergrund ist es bis heute schwer, einen Zugang zu den positiven Werten des Preußentums zu gewinnen. Es soll auch keineswegs bestritten werden, daß es neben hervorragenden preußischen Tugenden auch sehr bedenkliche Erscheinungen gegeben hat, wie etwa einen schrankenlosen Untertanengeist und eine Überbetonung des Militärischen. Trotzdem könnten gerade einige preußische Tugenden Deutschland helfen, in Zukunft seine Verantwortung in der Völkergemeinschaft gewissenhaft wahrzunehmen.

Eine Reihe dieser Tugenden hat Ruth von Kleist gelebt. Sie war von ihrem ganzen Selbstverständnis her Preußin, gleichzeitig lebte sie als Christin in einem bewußten Kontakt mit Gott. Das gab ihr die Freiheit, allen Anfeindungen und Drohungen zum Trotz für ihre einmal gewonnene Überzeugung einzutreten. Aus beidem resultierte ihr Bewußtsein, für das Gemeinwohl verantwortlich zu sein. Verbunden damit war ihre Bereitschaft, das Recht über den eigenen Vorteil und das eigene Wohlergehen zu stellen. Diese Tugend der

Verantwortung des einzelnen für andere ist heute vielen fremd geworden.

Das alte Preußentum, zu dem Ruth von Kleist sich bekannte, besaß asketische Züge. Sparsamkeit galt seit dem Soldatenkönig als Tugend. Aufgrund der kargen Ressourcen Preußens war eine andere Lebensweise auch gar nicht möglich. Eine große Zur-Schau-Stellung kannte der preußische Staat ursprünglich nicht. Sie begann erst unter Wilhelm II. im deutschen Kaiserreich.

Eine gewisse Kargheit (nicht Ärmlichkeit!) prägte auch Ruth von Kleists Lebensstil. Maßvolle Nüchternheit war kennzeichnend für ihre Lebenseinstellung. Um die hochverschuldeten Güter zu bewahren, war sie bereit, auf Konsum und viele anderen Annehmlichkeiten des Lebens zu verzichten. Die relative Armut auch vieler anderer adliger Gutsbesitzer führte dazu, daß Einfachheit als persönlicher Lebensstil hoch geschätzt wurde.

Carl Friedrich von Weizsäcker hat von der Notwendigkeit einer asketischen Weltkultur gesprochen, wenn wir die drängenden wirtschaftlichen und ökologischen Probleme der Welt in Zukunft meistern wollen. Es ist zur entscheidenden Überlebensfrage der Menschheit geworden, wie sich eine solche Schlichtheit der Lebensgestaltung in den demokratischen Überflußgesellschaften des Westens durchsetzen läßt. Das Preußentum zeigt, daß ein allen gemeinsames Verantwortungsgefühl Voraussetzung ist für eine asketische Weltkultur.

Zu den herausragenden Tugenden des alten Preußentum gehörte ferner eine besondere Arbeitsethik, die vom Luthertum gemeinsam mit der calvinistischen Aufgeschlossenheit für den Fortschritt und der pietistischen Betonung der Glaubenspraxis geformt worden ist. Ruth von Kleist verkörperte dieses Arbeitsethos, und das bedeutete Pünktlichkeit und Unbestechlichkeit, Wahrhaftigkeit gegen sich selbst und Pflichterfüllung im kleinen. „Üb immer Treu und Redlichkeit" – intonierte das Glockenspiel der alten Potsdamer Garnisonskirche bis zu ihrer Zerstörung im Zweiten Weltkrieg. Es hat damit die Ethik von Preußens größtem inneren König, dem „Soldatenkönig", prägnant zum Ausdruck gebracht.

Ruth von Kleist hat als Tochter eines hohen preußischen Staatsbeamten und als Frau eines Landrats nach dieser Maxime der Unbestechlichkeit und Pflichterfüllung zu handeln versucht. Angesichts der Korruption in vielen Ländern der Erde wird deutlich, welch gewaltige Leistung die ersten preußischen Könige vollbracht haben, als sie diesen Tugenden in Preußen zum Sieg verhalfen. Jeder Einsichtige weiß, daß die Kehrseite dieser Tugenden auch ein Hang zur pedantischen Erfüllung des Buchstabens und zum servilen Untertanengeist sein konnte. Trotzdem bleibt unübersehbar, daß diese preußische Unbestechlichkeit verbunden mit einem bestimmten Rechtsempfinden zur Formierung des Widerstands im Dritten Reich wesentlich beigetragen hat.

Kennzeichnend für das Preußentum, das Ruth von Kleist geprägt hatte, war auch eine besondere Pädagogik. Man forderte Kinder durch Aufgaben heraus. Sie sollten dadurch ihre Grenzen kennenlernen und zu eigenständigen Persönlichkeiten heranwachsen. Zudem wurde das Zusammengehörigkeitsgefühl der Familien gepflegt. Man trug wirtschaftliche Katastrophen und menschliche Schicksalsschläge gemeinsam. Von Anfang an wurden die Kinder aus ihrer Selbstzentriertheit herausgeführt, indem sie mit Leiden und Nöten der anderen Bewohner der Gutshofdörfer konfrontiert waren. Eine solche Erziehung muß heute Bewunderung hervorrufen, wo viele Jugendliche und junge Erwachsene nur schwer begreifen, daß die Welt sich nicht um sie drehen kann.

Im Vergleich zum übrigen Europa herrschte im 18. Jahrhundert in Preußen ein ganz anderes Herrschaftsethos. Für den „Sonnenkönig" war der Ausspruch charakteristisch: „Der Staat bin ich." Der „Soldatenkönig" nannte sich dagegen den ersten Diener des Königs von Preußen, und Friedrich der Große sprach gar von sich als dem ersten Diener des Staates. Einerseits hat dies den Aufstieg des von allen Seiten gefährdeten Preußen zur europäischen Großmacht möglich gemacht. Andererseits ist damit ein für die weitere deutsche Geschichte schicksalhaft gewordenes Kennzeichen des Preußentums angesprochen: In Preußen geschah alles für das Volk, jedoch nichts durch das Volk.

Da die Beamtenschaft – einschließlich der Offiziere – im Ethos korrekter Pflichterfüllung erzogen war, sah man auch keine Notwendigkeit, diese Einstellung grundlegend zu ändern. Es kam nie zu einer echten Revolution. Immerhin lösten die napoleonischen Kriege einen Umdenkungsprozeß aus. Kommunale Selbstverwaltung wurde eingeführt, und in den Jahrzehnten nach den Befreiungskriegen wurde Preußen in eine Monarchie mit einer Verfassung umgewandelt. Trotzdem behielt der preußische König und spätere deutsche Kaiser autokratische Vollmachten. Der mit den preußischen Reformen nach der Niederlage gegen Napoleon einsetzende Demokratisierungsprozeß konnte nicht nachhaltig genug durchgesetzt werden. Darum behielt die Adelsschicht in Preußen-Deutschland bis nach dem Ersten Weltkrieg ihre Privilegien. In ihrer überwältigenden Mehrheit blieb diese Schicht auch in der Weimarer Republik weit entfernt von einem demokratischen Staatsverständnis. Statt dessen verharrte sie in patriarchalen bzw. matriarchalen Denk- und Handlungsstrukturen. Die Gutsherrschaft blieb allein verantwortlich für das Wohlergehen ihrer Untergebenen. Fast nirgends war man bereit, diese zur Mündigkeit zu erziehen und die Herrschaft mit ihnen zu teilen. An dieser Stelle ist auch Ruth von Kleist ganz Kind ihrer Zeit geblieben. Viel zu spät ist ihr das Versagen ihrer Standesgenossen angesichts der Herausforderungen einer neuen Zeit bewußt geworden.

Engagierte Laienchristin zwischen pommerschem Pietismus, Berneuchener Bewegung und Bekennender Kirche

In Ruth von Kleists Elternhaus war es üblich, an Sonntagen den Gottesdienst zu besuchen. Auf Großenborau und am jeweiligen Sitz des Oberpräsidenten waren Hausandachten selbstverständlich. Das gleiche galt für Jürgen von Kleist und dessen Familie. Weite Teile des pommerschen Adels waren im ersten Drittel des 19. Jahrhunderts im Gefolge der napoleonischen Befreiungskriege erweckt worden. Die Gutsbesitzerfamilien fühlten sich fortan für das geistliche Wohl und für das soziale Ergehen ihrer Arbeiter und Bauern verantwortlich. Man begann, Hausandachten und Bibelstunden zu halten, zu denen unterschiedslos Herrschaft und Gesinde bzw. Gutsbedienstete zusammenkamen. Häufig hielt der Gutsherr selbst die täglichen Andachten. Es gab viele Beispiele dafür, daß die Gutsbesitzer als Patronatsherren ihrer Kirchen den Bau und die Renovierung der

Kirchengebäude wichtiger nahmen als den Ausbau ihrer eigenen Gutshäuser. Ein schönes Beispiel dafür ist die Familie des Schwiegersohns von Ruth von Kleist aus Pätzig. Hier hatte man noch in den 20er Jahren dieses Jahrhunderts um der Renovierung der Kirche willen darauf verzichtet, das Gutshaus zu modernisieren und mit einer Wasserleitung auszustatten.

Bis 1918 war der preußische König und deutsche Kaiser das Oberhaupt der evangelischen Kirche in den meisten preußischen Landesteilen. Die evangelische Kirche war eine Staatskirche. Die sogenannte Altpreußische Union war die größte evangelische Kirche der Welt überhaupt (mit etwa 28 Millionen Mitgliedern). Im wilhelminischen Deutschland wurden, meist im historisierenden Stil, unzählige Kirchen gebaut. Mit dem Ende des Ersten Weltkriegs wurde aus der evangelischen Staatskirche Preußens eine vom Staat unabhängige Landeskirche mit Generalsuperintendenten und dem bereits vorher bestehenden Berliner Oberkirchenrat als kirchenleitenden Institutionen. Es blieb jedoch eine stark konsistorial verfaßte, unbewegliche Großkirche.

Ruth von Kleist erkannte zusammen mit anderen Angehörigen des preußischen Adels die dringende Reformbedürftigkeit dieser Kirche. In den 20er Jahren entstanden daher verschiedene Initiativen, die sich um ihre Erneuerung bemühten. Neben Ruth von Kleist gehörte auch ihr Schwiegersohn Hans von Wedemeyer zu ihren ersten Mitgliedern.[35] Die Berneuchener Bewegung war von Gedanken der Jugendbewegung inspiriert. Sie strebte nach einer ganzheitlichen Frömmigkeit, zu der auch das Leibhafte als Ausdrucksform des Glaubens gehörte. Darum spielten Glaubenssymbole eine große Rolle. Man entdeckte die Liturgie und die Bedeutung des Abendmahls als sinnenfälliges Zeichen des Glaubens. Im Zentrum der Frömmigkeit standen daneben die tägliche Meditation eines Bibeltextes, die gegenseitige Fürbitte und die Kirche als Gemeinschaft der Glaubenden. Darum spielte auch der ökumenische Gedanke in dieser Bewegung eine große Rolle. Die Mitglieder verpflichteten sich zu einem verbindlichen geistlichen Leben. Ruth von Kleist hat sich diese Anliegen zu eigen gemacht und in ihrem Wirkungsbereich in Kieckow, Klein-Krössin und Stettin für ihre Umsetzung geworben.

Die evangelische Kirche hat es dieser Bewegung zu danken, daß es nach dem Zweiten Weltkrieg zu einer Liturgiereform kam, die Feier der Osternacht und Ordnungen für das gebundene Gebet allgemein bekannt wurden und das Abendmahl in den meisten evangelischen Gemeinden mindestens einmal im Monat gefeiert wird.

Stand im Rahmen der Berneuchener Bewegung eine Erneuerung der Frömmigkeitspraxis im Vordergrund, war die Bekennende Kirche gekennzeichnet von einer Erneuerung der Theologie. Wegen ihrer Herkunft aus dem Pietismus stand Ruth von Kleist einer Erneuerung der Frömmigkeit näher. Durch die Auseinandersetzung mit den „Deutschen Christen" bekam sie jedoch Anteil am Kampf der Bekennenden Kirche. Dazu trug ihre Bekanntschaft mit Pfarrern bei, die in den Gutsdörfern ihrer Familie amtierten und zur Bekennenden Kirche gehörten, später vor allem die Freundschaft mit Dietrich Bonhoeffer. Als dieser 1935 die Leitung des Predigerseminars der Bekennenden Kirche in Finkenwalde bei Stettin übernahm, hat Ruth von Kleist es nicht nur persönlich von Anfang an kräftig unterstützt. Von Zeit zu Zeit mobilisierte sie ihre pommersche Verwandtschaft, um mit Lebensmitteln und Gebrauchsgütern des täglichen Lebens auszuhelfen. Zusammen mit ihren Enkelkindern, die in der Kinderpension in ihrer Stettiner Stadtwohnung lebten, besuchte sie regelmäßig die dortigen Sonntagsgottesdienste. Noch enger wurde ihre Verbindung mit der Bekennenden Kirche und Dietrich Bonhoeffer, als ein Teil ihrer Enkel von Bonhoeffer zuerst auf die Konfirmation vorbereitet und später konfirmiert wurde. In dieser Zeit hat sie sich sehr häufig mit ihm theologisch unterhalten und das Experiment des gemeinsamen Lebens im Finkenwalder Predigerseminar und im Bruderhaus mit großem Interesse begleitet.

Auch Bonhoeffers zu seinen Lebzeiten herausgekommene Bücher – „Gemeinsames Leben" und „Nachfolge" – hat Ruth von Kleist mit ihm selbst und danach in von ihr initiierten Bibelgesprächskreisen diskutiert. Dadurch erlebte sie einen sie beglückenden geistlich-theologischen Aufbruch. Die klare Zentrierung des Glaubens auf Christus, wie ihn Karl Barth lehrte und wie er in der

Bekennenden Kirche gelebt wurde, hat den Glauben Ruth von Kleists stark beeinflußt.

Gerade auf dem Feld des Glaubens kann man beobachten, wie dynamisch Ruth von Kleist neue Bewegungen aufgegriffen und in ihr Christsein integriert hat. Aus einer vom traditionellen Pietismus geprägten Christin, die sich für die liturgische Erneuerung der Kirche engagierte, wurde eine überzeugte Anhängerin der Bekennenden Kirche, die bereit war, sich ihren Glauben auch existentiell etwas kosten zu lassen, missionarisch aktiv und kirchenpolitisch tätig zu werden. Das zeigt nicht nur ihr Engagement für bedrohte jüdische Mitbürger. Sie hat auch regelmäßig für Gefangene aus den Reihen der Bekennenden Kirche gebetet, die wegen ihrer Überzeugung verhaftet oder ins KZ gebracht worden waren.

Unmittelbar nach der Besetzung Pommerns durch die russische Armee hat sie auf Kieckow für die im Gutsdorf verbliebenen Kinder Religionsunterricht gegeben. Ganz im Sinne Dietrich Bonhoeffers fühlte sie sich für die zukünftige Generation mitverantwortlich. „Die letzte verantwortliche Frage ist nicht, wie ich mich heroisch aus der Affäre ziehe, sondern wie eine kommende Generation weiterleben soll", hatte Dietrich Bonhoeffer in seinem Rechenschaftsbericht nach zehn Jahren geschrieben.[36] Der Pietismus hatte in Ruth von Kleist eine glaubwürdige Gestalt gefunden: persönliche Frömmigkeit und verantwortliches gesellschaftliches Handeln hatten zu einer Einheit gefunden.

Freundschaft mit Dietrich Bonhoeffer

Bonhoeffer hatte an Ruth von Kleist deren bewußte Frömmigkeit verbunden mit einer Verwurzelung im tätigen Leben als vorbildhaft erkannt. Umgekehrt wurde Dietrich mehr und mehr zu ihrem seelsorgerlichen Berater und theologischen Sachverständigen.[37] „Aber dem steht nun gegenüber, daß Sie trotz Ihrer Jugend und meines Alters seelsorgerliche Aufgaben an mir haben. Es ist von großer Bedeutung, von einem Menschen zu wissen, den man um Rat fragen darf, wenn es immer näher dem Ende zu geht."[38] Ruth von Kleist empfand eine große Freude darüber, daß ihre Freundschaft über die

Generationen hinweg zustande gekommen war: „So wollen wir beide Gott danken, daß Er unsere Begegnung herbeiführte, und ihre Werte ausnützen, solange wir sie noch haben."[39]

Es war eine auf den gemeinsamen Glauben an den Auferstandenen gegründete Freundschaft. Der Glaube ließ den Altersunterschied unwesentlich werden. „Der Grund, auf dem sie [die Freundschaft] ruht, ist der einzige Unwandelbare, den es auf Erden gibt. Daß Sie den alten Menschen in Ihrem jungen Leben einen Raum gönnen, ist ein großes Geschenk für mich. Ja, in der Kirche schmilzt Alter und Jugend zusammen."[40] Ruth von Kleist sorgte auch in praktischen Dingen für Dietrich Bonhoeffer. So erhielt er von ihr regelmäßig Manuskriptpapier zum Schreiben seiner Bücher: „Ich habe noch 500 Bl. Schreibmasch.papier und 200 Bg. Kanzleipapier (weiß), sowie 100 Hüllen wie diejenigen, welche ich an Sie benutze, für Sie erhalten."[41] Sie kümmerte sich auch um seine Wäsche: „Haben Sie das Wäschepaket unversehrt erhalten? Es ist vor dem Fest abgegangen. Ja, es freut mich, wenn ich auch dabei etwas ‚mütterlich' für Sie sorgen kann."[42]

Trotz ihres Engagements in der Berneuchener Bewegung scheint Ruth von Kleist erst durch Dietrich Bonhoeffer eine sie befriedigende Antwort auf die bedrängenden Probleme der evangelischen Kirche gefunden zu haben. Im gemeinsamen Kampf für die Bekennende Kirche erlebte sie eine Erneuerung des eigenen Glaubens, den sie sofort in theologischen Studiengruppen an andere weiterzugeben versuchte.

Auf Bonhoeffers Vorschlag hin lernte sie noch Griechisch, um das Neue Testament in seiner ursprünglichen Sprache lesen zu können. Mit wachem Interesse begleitete sie auch seine Arbeit an neuen Buchprojekten. Dietrich Bonhoeffer hat ihr auch theologische Literatur empfohlen, die sie zuerst durchgearbeitet und später mit ihm diskutiert hat. Aus ihren Briefen, die sie regelmäßig mit Dietrich Bonhoeffer und Eberhard Bethge gewechselt hat, geht hervor, daß Bonhoeffer seinerseits durch sie Anteil am Geist des pommerschen Pietismus bekam. Man wundert sich ja bei der Lektüre seines Büchleins „Gemeinsames Lebens" über die Nähe vieler Gedanken zu einer pietistisch geprägten Frömmigkeit. Hier scheint Ruth von Kleist als Verbindungsglied eine herausragende Rolle gespielt zu haben.

Nach dem von der Gestapo erzwungenen Abbruch der Vikars-
ausbildung in Finkenwalde und später dann auch der Sammel-
vikariate in Hinterpommern wurde die Verbindung zwischen
Bonhoeffer und Ruth von Kleist noch intensiver. Die Briefe sprechen hier eine deutliche Sprache. Bonhoeffer hat nach seinem Ein-
tritt in die aktive Verschwörung 1938 immer wieder längere Zeiten
auf dem Witwensitz Ruth von Kleists in Klein-Krössin verbracht
und dort Teile seiner Bücher geschrieben. Dazu gehören auch die
Fragmente der „Ethik". Das tagsüber Verfaßte hat er jeweils am
Abend mit ihr durchgesprochen. Er scheint sie als durchaus eben-
bürtige theologische Gesprächspartnerin betrachtet zu haben.

Ausgelöst durch eine Begegnung in Klein-Krössin verliebte Dietrich Bonhoeffer sich in Ruth von Kleists 18jährige Enkelin Maria
von Wedemeyer. Ruth von Kleist begünstigte im Gegensatz zur
Mutter Marias diese Verbindung. Man kann mit Fug und Recht
sagen, daß ohne Ruth von Kleist diese Verbindung gar nicht zustande gekommen wäre. Mit der Verlobung Anfang 1943 trat Dietrich in
den Familienkreis Ruth von Kleists ein. Nach deren offizieller
Bekanntgabe schenkte sie ihm die Biographie ihres Schwiegervaters,
Hans Hugo von Kleist-Retzow. Hans Hugo war einer der bedeutendsten konservativen Politiker der Bismarckzeit gewesen. Sie
schrieb als Widmung in das Buch: „. . . Es beglückt mich, lieber Dietrich, da ich Dir entscheidende Erkenntnisse meines Lebens verdanke, an diesem Tage, an dem Du auch sichtbar in unsere Familie
getreten bist, dieses Buch zu überreichen. Der Mann, von dem es
redet, hat einen greifbaren Segen hinterlassen, in den auch Du nun
eingeschlossen bist. Klein Krössin (Kieckow) den 24. Juni 1943".[43]

Die letzte Frage Ruth von Kleists vor ihrem Tod 1945 war die
nach dem Ergehen Dietrich Bonhoeffers.

Eine Mutter des Widerstands

Es war alles andere als selbstverständlich, daß Ruth von Kleist einmal den Beinamen „Mutter des Widerstands" erhalten würde. Wir
hörten, daß sie aus einer der staatstragenden Familien Preußens
stammte. Der schlesische Adel hatte im 18. Jahrhundert Friedrich

den Großen als Befreier empfangen und gefeiert. Von der Gegenre-
formation bedroht, sah man das protestantische Preußen nicht als
Aggressor an, sondern als Hilfe in der Zeit höchster Bedrohung des
Glaubens und der Freiheit durch die katholischen Habsburger. Entsprechend eng verbunden war in der Folgezeit der schlesische Adel
mit dem neuen Landesherrn. Diese Haltung vererbte sich von Generation zu Generation weiter. Schlesien war königstreu.

Ähnliches galt für den pommerschen Adel, in den Ruth von
Kleist einheiratete. Jürgen von Kleist-Retzow stammte aus einem
der ältesten Adelsgeschlechter Pommerns. Wie Schlesien war auch
Pommern relativ spät an Brandenburg-Preußen gefallen. Erst unter
dem Soldatenkönig im ersten Drittel des 18. Jahrhunderts kam Hinterpommern, das Stammland der Kleists, von Schweden an die
preußische Krone. Seitdem war der pommersche Adel dem preußischen Königshaus treu ergeben. Der Militärdienst und die höhere
Verwaltungstätigkeit im preußischen absoluten Staat boten Ver-
dienst und Aufstiegsmöglichkeiten für die meist armen Gutsherren
Pommerns.

Ruth von Kleist war von Jugend an gewohnt, politisch zu denken.
Ihr Vater hatte als Oberpräsident von Posen, Nassau-Hessen und
Schlesien die höchsten Staatsämter inne, die Preußen zu vergeben
hatte. Auch die Familie von Kleist-Retzow hatte sich an hervorge-
hobener Stelle in der preußischen Politik engagiert. Im Laufe ihres
Lebens war Ruth von Kleist mehrmals herausgefordert, umstürzen-
de politische Veränderungen zu verarbeiten.

Der erste Umbruch war die Reichsgründung durch Bismarck
1871. Damals ging gegen den Willen des preußischen Königs und
ersten deutschen Kaisers Wilhelms I. Preußen in Deutschland auf.
Dieser Gedanke war für den größten Teil der preußischen Aristokratie und insbesonders für den ostelbischen Adel nur schwer zu
verkraften. Sie spürten, daß sich mit der Reichsgründung die politische Situation Preußens grundlegend veränderte. Bismarck war ein
deutscher Revolutionär. Bis zum Ende des Zweiten Weltkriegs hat
man in den preußischen Adelsfamilien bei Jubiläumsfeiern den Toast
nicht auf den deutschen Kaiser, sondern auf den preußischen König
ausgebracht. Dabei blieb der preußische Adel auch nach der Reichsgründung die staatstragende Schicht. Als Frau eines Landrats hat

Ruth von Kleist-Retzow in einem überschaubaren Verwaltungsbezirk die Probleme der wilhelminischen Gesellschaft miterlebt.

Mit der Niederlage im Ersten Weltkrieg veränderte sich die politische Situation in Deutschland wiederum grundlegend. Der Kaiser und sämtliche deutschen Fürsten mußten abdanken. Es bildeten sich demokratische Regierungen sowohl in Gesamtdeutschland als auch in den einzelnen deutschen Ländern. Damit war die politische Rolle zu Ende, die der preußische Adel bis dahin gespielt hatte. Allerdings kam es in Deutschland zu keiner kommunistischen Machtübernahme. Statt dessen hatte die Sozialdemokratie eine milde Form der Revolution durchgeführt und auf Kontinuität gesetzt. Die Weimarer Republik war keine Räte-Republik, sondern ein demokratischer Rechtsstaat. Die Besitzrechte des Adels waren kaum angetastet worden. Gerade der pommersche Adel herrschte weiterhin patriarchalisch auf seinen Gütern. Ruth von Kleist hat die Rolle des Adels noch in der Weimarer Republik verteidigt – sogar in einer Veröffentlichung. Allerdings war durch das berühmt gewordene Buch ihres Bruders Graf Robert von Zedlitz-Trützschler über sein Leben am deutschen Kaiserhof eine Stimme laut geworden, die die Niederlage Deutschlands im Ersten Weltkrieg nicht auf die Revolution im eigenen Land zurückführte, sondern mit der Mißwirtschaft, der politischen Unfähigkeit und dem Intrigenspiel der herrschenden Klasse begründete. Auch wenn der preußische Adel Robert von Zedlitz-Trützschler ächtete, wurden durch die enge Verbundenheit zwischen den Geschwistern unterschwellig die alten monarchischen Positionen Ruth von Kleists in Frage gestellt.

Entscheidend für ihr politisches Denken wurde aber in der Nazi-Zeit ihr viel jüngerer Freund und Cousin Ewald von Kleist-Schmenzin. Die Diskussionen mit ihm öffneten Ruth frühzeitig die Augen über Adolf Hitlers wirkliche Ziele. Hinzu kam, daß ihr Schwiegersohn Hans von Wedemeyer durch seine politische Tätigkeit bei Franz von Papen sämtliche Nazi-Größen kennengelernt und durchschaut hatte. Das war nicht ohne Auswirkungen auf Ruth von Kleist geblieben. Nach der Machtergreifung brauchte sie nicht, wie andere Deutsche, erst durch das überhandnehmende Unrecht des neuen Regimes vom wahren Wesen Adolf Hitlers überzeugt werden. Ihr war von vornherein klar, daß mit Hitler das Ende der politischen Bedeutung des preußischen Adels unwiderruflich gekommen war.

Die meisten ihrer männlichen jüngeren Verwandten schlossen sich im Verlauf der Jahre aktiv dem Widerstand an. Sicher hat das weniger seinen Grund in deren demokratischen Grundüberzeugungen. Entscheidend für ihre Teilnahme an der Verschwörung gegen Hitler war die Bindung ihres Gewissens an christliche Grundwerte. Dabei kann das Vorbild Ruth von Kleists gar nicht hoch genug eingeschätzt werden. Es war ihr gelungen, durch alle drei deutschen Revolutionen – sowohl die von 1871 als auch die von 1918 und die von 1933 – am christlichen Ethos festzuhalten und es glaubwürdig zu leben.

Dieses Ethos aber sahen die Männer des Widerstands durch Adolf Hitler mißachtet, ja mit Füßen getreten. Die Verankerung der Gewissen in Gott und dessen Gebot ließ sie den Kampf für Recht und Freiheit unter Einsatz ihres Lebens und Besitzes wagen.

Kein Zweifel, es hat auch bei diesen Männern bisweilen lange gedauert, bis sie sich zum konkreten Handeln bereit fanden. Jahrhundertelang hatte es in Preußen keine Regierung gegeben, die den Widerstand der staatstragenden Schichten herausgefordert hätte. Es war eine vollkommen neue Situation, als an der Spitze des Staates plötzlich eine Partei stand, die eine Ideologie vertrat, welche die bisherigen Werte umkehrte. Viel zu lange hatte man in preußischen Adelskreisen dem Ende der Monarchie nachgetrauert. Mit Paul von Hindenburg als Staatspräsident war zudem noch einmal ein Mann in das wichtigste Amt der Weimarer Republik gelangt, der selbst aus preußischem Adel stammte und als eine Art „Ersatzkaiser" empfunden wurde. So gesehen muß es sogar überraschen, daß sich im Adel der Widerstand gegen Hitler überhaupt formierte. Am Ende hatte sich aber doch die Bindung an christlich geprägte Werte des Zusammenlebens durchgesetzt gegen die menschenverachtende nationalsozialistische Ideologie.

Es ging diesen Männern schließlich gar nicht mehr um Erfolg oder Mißerfolg einer Widerstandsaktion, sondern darum, vor der Welt zu zeigen, daß es im nationalsozialistischen Deutschland zumindest eine Gruppe von Menschen gegeben hatte, die sich unter Einsatz ihres Lebens für eine Erneuerung der Gesellschaft einsetzte.

Ihre Aktion sollte die Wiederaufnahme Deutschlands in die Gemeinschaft der Völker nach dem Krieg ermöglichen.

Henning von Tresckow, der führende Organisator des militärischen Widerstandes und Neffe Ruth von Kleists, soll am 21. Juli 1944, bevor er sich das Leben nahm, gesagt haben: „Jetzt wird die ganze Welt über uns herfallen und uns beschimpfen. Aber ich bin nach wie vor der felsenfesten Überzeugung, daß wir recht gehandelt haben. Ich halte Hitler nicht nur für den Erzfeind Deutschlands, sondern auch für den Erzfeind der Welt. Wenn ich in wenigen Stunden vor den Richterstuhl Gottes treten werde, um Rechenschaft abzulegen über mein Tun und mein Unterlassen, so glaube ich mit gutem Gewissen das vertreten zu können, was ich im Kampf gegen Hitler getan habe. Wenn einst Gott Abraham verheißen hat, er werde Sodom nicht verderben, wenn auch nur zehn Gerechte darin seien, so hoffe ich, daß Gott auch Deutschland um unsertwillen nicht vernichten wird. Niemand von uns kann über seinen Tod Klage führen. Wer in unseren Kreis getreten ist, hat damit das Nessushemd angezogen. Der sittliche Wert eines Menschen beginnt erst dort, wo er bereit ist, für seine Überzeugungen sein Leben hinzugeben."[44] Fabian von Schlabrendorff, der diese Abschiedsworte überliefert hat, war der wichtigste Mitarbeiter von Tresckows im militärischen Widerstand und ein angeheirateter Enkel Ruth von Kleists.

Weiterführende Literatur

Jane Pejsa, Mit dem Mut einer Frau: Ruth von Kleist-Retzow. Matriarchin im Widerstand, Moers 1996.
Alexander Stahlberg, Als Preußen noch Preußen war. Erinnerungen, Berlin und Frankfurt am Main 1992.
Rainer Mayer/Peter Zimmerling (Hrsg.), Dietrich Bonhoeffer. Mensch hinter Mauern. Theologie und Spiritualität in den Gefängnisjahren, 2. Auflage, Gießen/Basel 1995.

MUT ZUM EXPERIMENT

Die Frau in Kirche und Gesellschaft auf dem Weg ins dritte Jahrtausend

Im folgenden soll die Aufgabe umrissen werden, die in den kommenden Jahren von der christlichen Gemeinde im Hinblick auf das Miteinander von Männern und Frauen zu lösen ist. Die Lebensbilder der sieben herausragenden Frauen aus der Geschichte des Pietismus bilden das Fundament, auf dem dieses Unternehmen zu bewältigen ist. Das Leben und Werk dieser Frauen stellt ein noch weithin unerschlossenes Reservoir fruchtbarer Anregungen dar. Sie haben vorbildhaft Herausforderungen ihrer Zeit aufgegriffen und beantwortet. Das geschah, indem sie in Vergessenheit geratene biblische Erkenntnisse neu entdeckten und mutig in die Praxis umsetzten. Hier liegt für mich auch der entscheidende Grund, warum sich die Beschäftigung mit diesen Frauen lohnt: Inspiriert von biblischen Aussagen, wuchsen ihnen lebenshaltige Antworten auf Herausforderungen ihrer Zeit zu.

– In der Herrnhuter Brüdergemeine entdeckte man durch das Studium der neutestamentlichen Texte zuerst die verantwortliche Mitarbeit der Frau für den Protestantismus.

– Mit ihrer Erkenntnis, daß die Zugehörigkeit zur christlichen Gemeinde die Zugehörigkeit zum eigenen Volk relativiert, entlarvte Anna Schlatter in der Geburtsstunde des modernen Nationalgedankens dessen zerstörerische Folgen.

– Juliane von Krüdener erkannte die sozialethische Dimension des Evangeliums und bezog diese in ihre Verkündigung mit ein. Als Folge wurden die ersten Werke der Inneren Mission gegründet.

– Friederike Fliedner hat gemeinsam mit ihrem Mann das urchristliche Amt der Diakonisse wiederentdeckt. Daran anknüpfend schufen sie das moderne Diakonissenamt – nicht zuletzt als Antwort auf die von der einsetzenden Industrialisierung ausgelösten Frage nach dem Beruf der ledigen Frau.

– Eva von Tiele-Winckler entdeckte selbständig den im Evangelium enthaltenen diakonischen Auftag. Ihr Waisenhaus-Werk wurde zu einem Zeichen der Versöhnung zwischen den getrennten Klassen der wilhelminischen Gesellschaft.

– Ruth von Kleist-Retzow hat aus Gottes Geboten die Kraft zum Widerstand gegen ein Unrechts-Regime geschöpft und durch ihr Vorbild viele Mitglieder der Verschwörung gegen Hitler auf ihrem Weg bestärkt.

– Dabei wird an manchen Stellen im Leben und Werk dieser Frauen auch das Versagen der christlichen Gemeinde sichtbar. Bedauerlicherweise läßt z. B. die Verkündigung Dora Rappards sozialethische Anliegen vermissen. Im Vordergrund steht ganz die Heiligung des einzelnen. Man wagt kaum zu bedenken, was es für die weitere Geschichte Deutschlands bedeutet hätte, wenn die Gemeinschaftsbewegung im vergangenen Jahrhundert in ihrer Breite eine Antwort auf die Soziale Frage gefunden hätte – wie die franziskanische Bewegung auf den beginnenden Renaissance-Kapitalismus Italiens.

Alle sieben Lebensbilder zeigen, daß der Pietismus in den drei Jahrhunderten seines Bestehens zukunftsorientiert genug war, im Rahmen einer oft erstarrten Staats- und Volkskirche vorbildhaft neue Wege zu gehen.

Durch die folgenden Gedanken möchte ich ein Gespräch auslösen. Ich vertrete mit ihnen nicht den Anspruch letzter Ausgewogenheit und bin für Anregungen und Erfahrungen anderer offen. Ausgehend von einer Zeitanalyse, versuche ich auf der Basis biblischer Aussagen Herausforderungen an die Gemeinde im Hinblick auf die zukünftige Stellung der Frau zu formulieren.

Zur Lage: Versuch einer Zeitanalyse

Die folgende Analyse gilt im wesentlichen für die deutsche bürgerliche Mittelschicht, die nicht nur die tragende Gesellschaftsschicht unseres Staates ist, sondern auch in den christlichen Gemeinden die Mehrheit ausmacht.

Die Unsicherheit vieler Frauen und Männer im Hinblick auf ihre eigene Identität, auf die Gestaltung ihres familiären Zusammenlebens und auf ihr Miteinander in Kirche und Gemeinschaften ist nicht vorschnell der Bosheit des menschlichen Herzens zuzuschreiben. Sie ist vielmehr Zeichen dafür, daß die alten Lösungen menschlichen Miteinanders angesichts veränderter gesellschaftlicher Lebensbedingungen heute entscheidend an Kraft und Gültigkeit eingebüßt haben.

Unsere Zeit weist alle Anzeichen einer Krise auf. Da sich bisherige Lösungsmuster überholt haben, sind wir aufgefordert, nach einer neuen Gestaltung des Miteinanders von Männern und Frauen in Ehe, Familie, Kirche und Gesellschaft zu suchen.

Die Entwicklungen der Moderne bzw. Postmoderne sind zunächst einmal positiv aufzunehmen. Die arbeitsteilige, multikulturelle und plurale Industriegesellschaft sollte als Herausforderung für die christliche Gemeinde aufgefaßt werden. Das schließt nicht aus, negative Tendenzen deutlich beim Namen zu nennen.

Grundlegend für die moderne Gesellschaft ist die kontinuierliche Vergrößerung von Freiheitsgewinnen. Frauen und Männer haben das Recht, ihr Leben individuell zu gestalten und machen zunehmend davon Gebrauch. Ganz selbstverständlich nehmen wir auch als Christen die Errungenschaften einer demokratischen pluralistischen Gesellschaft in Anspruch. Dazu gehört die Freiheit der Berufswahl, der Wahl des Lebenspartners, des Wohnortes, des Lebensstils, der Freizeitgestaltung bis hin zur Freiheit der Wahl der christlichen Gemeinde, in der wir uns engagieren wollen.

Mit der Möglichkeit, das Leben individuell zu gestalten, ist das Recht auf Bildung für Frauen und Männer untrennbar verknüpft. Denn nur ein „Gebildeter" bzw. eine „Gebildete" ist in der Lage, wirklich frei zu wählen. Insofern ist es ganz konsequent, daß in unserer Gesellschaft Bildung eine dominierende Rolle spielt. Wir stehen damit in der Nachfolge der Aufklärung, die Immanuel Kant als das „Heraustreten des Menschen aus seiner selbstverschuldeten Unmündigkeit" definiert hat.

Die Kritik an allen Autoritäten bildete eine wesentliche Voraussetzung dafür, daß das Selbstbestimmungskonzept Kants verwirklicht werden konnte. Dazu gehörte auch die Kritik an der

Autorität des Mannes gegenüber der Frau. Es ist nichts gegen die kritische Prüfung von Autoritäten einzuwenden. Als Deutschen steht uns der Mißbrauch von Autorität besonders deutlich vor Augen. Problematisch wird die Kritik an Autoritäten dort, wo Autorität überhaupt abgelehnt wird – also nicht nur die sich negativ auswirkende Autorität, sondern auch positiv wirkende, überlebens-notwendige.

Die Autoritätskritik der Aufklärung hat auch vor Gott und der Heiligen Schrift nicht Halt gemacht. Ihre Weiterentwicklung führte schließlich zur radikalen Kritik an Gott und den biblischen Geboten (Feuerbach, Nietzsche).

Der modernen Autoritätskritik fielen auch große Teile der biblischen Sexualethik zum Opfer. Spätestens seit der Studentenrevolte von 1968 ist vorehelicher Geschlechtsverkehr in unserer Gesellschaft sowohl für Frauen als auch für Männer normal. Vor allem die Pille hat die sexuelle Gleichberechtigung der Frau ermöglicht.

Kehrseite der individuellen Lebensgestaltung mit ihrer Unzahl von Wahlmöglichkeiten ist ein permanenter Zwang zur Entscheidung. Viele Zeitgenossen fühlen sich von der ständigen Notwendigkeit, entscheiden zu müssen, schlicht überfordert. Sie sehnen sich nach Menschen oder einer Gruppe, die ihnen durch ein festgefügtes Wertesystem Entscheidungen abnehmen und auf diese Weise Geborgenheit erfahren lassen.

Die technische Entwicklung der letzten zwei Jahrhunderte brachte für die westeuropäischen und nordamerikanischen Gesellschaften eine unerhörte Erleichterung des alltäglichen Lebens. Die Elektrizität zusammen mit der Maschine befreite den modernen Menschen weithin von schwerer körperlicher Arbeit. Die Technisierung des Haushalts erleichterte auch den Weg der verheirateten Frau in die Berufswelt.

Gleichzeitig beeinflußte die Technisierung des Lebens unsere Welt- und Lebensauffassung in negativer Weise. Die meisten Menschen sind regelrecht gefangen in einem Machbarkeitswahn. Sie sind unfähig, mit eigenen Grenzen und denen anderer Menschen umzugehen. Das zeigt sich in der Verdrängung von Krankheit, Leiden und Tod aus dem öffentlichen Leben. Prototyp des Menschen ist der strahlende, junge, leistungs- und genußfähige Mensch.

Solche Überzeugungen sind nicht ohne Einfluß auf das menschliche Zusammenleben geblieben. Beziehungsscheu und Beziehungsunfähigkeit greifen bei Frauen und Männern um sich. So fällt es uns schwer einzukalkulieren, daß zwischenmenschliche Prozesse Zeit brauchen, also Wachstumsprozesse darstellen, auch ständiger Veränderung unterworfen sind und nicht den Gesetzen der Machbarkeit unterliegen, wie sie uns aus der Technik vertraut sind. Lieber verzichten wir angesichts mühevoller Beziehungsarbeit ganz auf dauerhafte Beziehungen.

Die Technisierung unseres Alltags läßt uns häufig das menschliche Maß verlieren. Frauen und Männer überschätzen leicht ihre physischen und psychischen Möglichkeiten. Wir alle haben es nötig, neu auf die Signale unseres Körpers und unserer Seele hören zu lernen. Bonhoeffer hat in seiner Vorlesung „Schöpfung und Fall" über die ersten Kapitel der Bibel zurecht darauf aufmerksam gemacht, daß die bewußte Bejahung der Grenze unserer Geschöpflichkeit wesensmäßig zum Menschsein dazugehört.

Der Technisierung der Gesellschaft entspricht ihr Materialismus. Wer von uns freute sich nicht, aus dem reichhaltigen Warenangebot im Supermarkt oder im Kaufhaus auswählen zu können. Folge des Materialismus ist aber auch eine Überbetonung der bezahlten Arbeit. Den Wert von Frauen und Männern bestimmt die Höhe des Gehalts.

Folge des Materialismus ist auch eine Versachlichung der menschlichen Beziehungen, d.h. eine Einschätzung ihres Wertes nach dem, was sie „mir bringen". Daß auf diese Weise Beziehungen gegenüber Konsum einen niedrigeren Stellenwert erhalten, liegt auf der Hand. Die Ausrichtung des Denkens auf den Erwerb von materiellen Gütern läßt Beziehungen nebensächlich erscheinen.

In einem solchen gesellschaftlichen Klima kann sich auch das Gemüt Heranwachsender nicht recht entwickeln. Es kommt zu Kreativitäts-Defiziten und als Folge davon häufig schon in frühen Lebensjahren zu einem regelrechten Lebensüberdruß. Das Konsumdenken prägt in zunehmendem Maße die Persönlichkeit vieler Frauen und Männer. Alles kaufen zu können, sogar im Überfluß kaufen zu müssen, um einem bestimmten gesellschaftlichen Status zu entsprechen, ist eine Ursache für die von vielen, auch säkularen

Soziologen, Psychologen und Politikern beklagte Ausbreitung des Narzißmus.

Immer wieder liest man von einer „zügigen Ausbreitung der Eigenliebe". Industrie und Handel tun alles, um diese Ausbreitung voranzutreiben: „Man gönnt sich ja sonst nichts" – suggeriert ein bekannter Werbeslogan. Soziale Tugenden, z. B. ehrenamtliches Engagement in Nachbarschaft und Vereinen haben derzeit keinen hohen Stellenwert. Dennoch bilden sie den „Kitt unserer Gesellschaft", wie der nordrhein-westfälische Ministerpräsident Johannes Rau anläßlich des Jahresfests einer großen diakonischen Einrichtung sagte.

Wie soll angesichts eines solchen gesellschaftlichen Klimas eine dauerhafte Beziehung etwa in der Ehe gelingen, die davon lebt, daß beide Partner immer wieder auf eigene Wünsche und Ideale verzichten?

Ein weiteres Kennzeichen der modernen Industriegesellschaften ist ihre Mobilität. Sie war eine Voraussetzung für den Wohlstand breiter Gesellschaftsschichten und ermöglichte, daß Arbeitskräfte in ausreichender Zahl an den Industrie-Standorten zur Verfügung standen. Die Mobilität hat die patriarchale Gesellschaftsstruktur des frühneuzeitlichen Europa überwinden helfen, indem sie Menschen von der Bevormundung durch Gutsherrschaft und kirchliche Amtsträger befreien half. Keiner von uns möchte die Annehmlichkeiten der modernen Mobilität aufgeben. Umgekehrt hat nicht zuletzt die Mobilität zur Auflösung der Großfamilie, der Nachbarschaftsverbände und zur Lockerung der Freundschaftsnetze geführt.

Das bedeutete unweigerlich auch eine Konzentration des Lebens auf die Zweierbeziehung bzw. die Kleinfamilie. Meistens geht mit dieser Konzentration jedoch eine Überforderung der Kleinfamilie einher. Es wird schwer für eine junge Mutter, wenn die Großmutter zum Babysitten und zur Betreuung der Kinder nicht zur Verfügung steht. Man versteht, warum viele junge Frauen heute die Aufgabe scheuen, Kinder großzuziehen.–

Wie belastend kann es für eine Ehe werden, wenn die eheliche Zweierbeziehung sämtliche Bedürfnisse ausfüllen soll, weil beide Partner keine echten Bezugspersonen außerhalb der Ehe haben.

Eine solche Überforderung kann schnell zum Ende einer Beziehung führen.

Die gegenwärtige Krise des menschlichen Zusammenlebens ist doppelgesichtig. Sie birgt die Gefahr, daß eine ganze Gesellschaft an ihren Herausforderungen scheitert. Gleichzeitig eröffnet die Krise die Chance zu einer umfassenden Neugestaltung des Zusammenlebens, inspiriert von den Worten der Heiligen Schrift.

Biblische Horizonte

Grundlegende biblische Texte im Hinblick auf das menschliche Zusammenleben enthalten die ersten drei Kapitel der Bibel (1. Mose 1–3); ebenso bedeutsam ist die Ehelehre Jesu in Matthäus 19,1–12 und die des Paulus in 1. Korinther 7 und Epheser 5,21–33. Diese allgemein bekannten Texte genügen aber nicht, wenn man sich ein Bild von der Zuordnung von Frauen und Männern machen will, die innerhalb des Rahmens der Heiligen Schrift möglich ist. Dazu müssen unbedingt weitere Abschnitte der Bibel beachtet werden. Ein entscheidender und in seiner Sprengkraft noch gar nicht genügend erkannter Text ist in diesem Zusammenhang Galater 3,28: „Hier ist nicht Jude noch Grieche, hier ist nicht Sklave noch Freier, hier ist nicht Mann noch Frau; denn ihr seid allesamt einer in Christus Jesus."

Vor allem im bürgerlich geprägten Protestantismus hat man die Aussagen Jesu in den Evangelien vernachlässigt, die ein kritisches Potential gegenüber Ehe und Familie beinhalten: „Wenn jemand zu mir kommt und haßt nicht seinen Vater, Mutter, Frau, Kinder, Brüder, Schwestern und dazu sich selbst, der kann nicht mein Jünger sein" (Lukas 14,26). „Er aber sprach zu ihnen: Wahrlich, ich sage euch: Es ist niemand, der Haus oder Frau oder Brüder oder Eltern oder Kinder verläßt um des Reiches Gottes willen, der es nicht vielfach wieder empfange in dieser Zeit und in der zukünfigen Welt das ewige Leben" (Lukas 18,29f). In diesen Worten durchbricht Jesus die Fixierung auf irdische Beziehungen. Die orientalische Großfamilie verliert ihre alles bestimmende Prägekraft.

Nach 1. Mose 1,27 schafft Gott den Menschen in der Polarität von Mann und Frau. Gerade in dieser Form des Gegenübers spiegelt der Mensch Gott als dessen Bild wider. So wie Gott vor aller Zeit in sich selbst ein liebendes Gegenüber ist – nämlich die Gemeinschaft von Vater, Sohn und Heiligem Geist –, hat er auch den Menschen nicht allein, sondern im Gegenüber von Mann und Frau geschaffen.

Direkt im Anschluß an ihre Erschaffung erhalten beide von Gott den Auftrag, sich zu mehren und über die Erde zu herrschen (1. Mose 1,28). Mann und Frau erhalten diesen Auftrag gemeinsam. Gott legt sowohl das Fortpflanzungsgebot als auch den Kulturauftrag zugleich in männliche und weibliche Hände. Aus dem Schöpfungsbericht läßt sich daher keine primäre oder gar ausschließliche Tätigkeit des Mannes außerhalb der Familie und auch keine primär oder gar ausschließlich auf den Bereich der Familie ausgerichtete Tätigkeit der Frau ableiten.

1. Mose 2,4b–25 entfaltet und ergänzt den Schöpfungsbericht von 1. Mose 1 in verschiedener Hinsicht. V. 18ff betont nochmals die Polarität, in der Gott den Menschen gemacht hat: „Es ist nicht gut, daß der Mensch allein sei; ich will ihm eine Gehilfin machen, die um ihn sei." Das im Hebräischen verwendete Wort für „Gehilfin" wird an anderer Stelle im Alten Testament als Prädikat Gottes gebraucht: z. B. in Psalm 33,20 („Unsre Seele harrt auf den Herrn; er ist uns Hilfe und Schild"); 70,6 („Gott, eile zu mir! Du bist mein Helfer und Erretter"); 115,9–11 („Aber Israel hoffe auf den Herrn! Er ist ihre Hilfe und Schild").

Die Gehilfenschaft der Frau sollte neu von der Gehilfenschaft Gottes gegenüber seinem Volk Israel definiert werden. Assoziationen wie „Putzhilfe" würden sich dann schnell erübrigen. Soviel läßt sich auf Anhieb aufgrund des gleichen Wortgebrauchs für Gottes Gehilfenschaft und für die Gehilfenschaft der Frau sagen: Sie beinhaltet keinerlei Abwertung der Frau gegenüber dem Mann. Vielmehr beschreibt sie eine Beziehung – nämlich die Zuordnung von zwei gleichberechtigten Partnern, hier die Zuordnung der Frau auf den Mann hin.

Die Zuordnung des Mannes zur Frau kommt wenige Verse später zum Ausdruck: „Darum wird ein Mann seinen Vater und seine Mutter verlassen und seinem Weibe anhangen, und sie werden sein ein

Fleisch" (V. 24). Dieser Vers ist – wie die anderen bisher angeführten auch – in der ganzen orientalischen antiken Literatur eine Besonderheit. Normalerweise holte der junge Mann seine Braut im alten Israel ins elterliche Großfamilienzelt oder auf den elterlichen Hof. Wenn hier vom Verlassen von Vater und Mutter die Rede ist, kann damit nur ein inneres Verlassen gemeint sein – ein „Abnabeln" von den bisherigen Ansprüchen des Vaters und der Mutter an den Sohn (und umgekehrt). Nicht mehr die Eltern, sondern die Frau wird mit dem Eheschluß zur ersten und wichtigsten Bezugsperson des jungen Mannes, auch wenn er weiterhin zu Hause wohnen bleibt.

Wie also in der Ehe die Frau durch ihre Gehilfenschaft unlösbar mit dem Mann verbunden ist, soll umgekehrt der Mann auf seine Frau ausgerichtet sein. Die Ehe beruht somit auf dem wechselnden Bezogensein der beiden Ehepartner aufeinander.

Durch den Sündenfall ändert sich diese wechselseitige Zuordnung von Mann und Frau. Im status corruptionis soll sich die Frau ihrem Mann unterordnen. Er soll ihr Herr sein. Gleichzeitig scheint es so, als ob auch die betonte Orientierung der Frau auf die Familie, also auf Mann und Kinder, ein Wesensmerkmal der gefallenen Schöpfung ist. Nach dem Sündenfall spricht Gott zu ihr: „Ich will dir viel Mühsal schaffen, wenn du schwanger wirst; unter Mühen sollst du Kinder gebären. Und dein Verlangen soll nach deinem Manne sein, aber er soll dein Herr sein" (1. Mose 3,16).

Nach 5. Mose 24,1 war es nur (so Matthäus 19,7–9; vgl. dagegen Markus 10,12) dem Mann in Israel erlaubt, seiner Frau einen Scheidebrief auszustellen. Wie Jesus sagt, hat Mose damit der „Herzenshärtigkeit" der Männer (und Frauen) nach dem Sündenfall Rechnung getragen.

Für Christen ist entscheidend, was sich mit dem Kommen Jesu Christi an der Zuordnung von Mann und Frau und den entsprechenden alttestamentlichen Ausführungsbestimmungen geändert hat. Grundlegende Auskunft darüber gibt zunächst die Ehelehre Jesu aus Matthäus 19. Ihre Wichtigkeit für die frühe Christenheit wird äußerlich schon daran sichtbar, daß auch Markus diese Rede in seinem Evangelium überliefert hat (Markus 10,1–12). Schließlich beruft sich auch Paulus, wie wir im einzelnen noch sehen werden, in seinen jungen heidenchristlichen Missionsgemeinden auf die Ehelehre Jesu.

Zwei Beobachtungen fallen bei Jesus auf: Einmal knüpft er mit seiner Ehelehre am Zustand vor dem Sündenfall an. Weil von der Schöpfung her (im status integritatis) nicht vorgesehen, lehnt er die Ehescheidung ab. Jesus führt als Begründung die von uns bereits betrachteten Stellen aus 1. Mose 1,27 und 2,24 an (Matthäus 19,4f). Nur bei Ehebruch bleibt eine Ehescheidung erlaubt (Matthäus 19, 9). Paulus fügt später noch den Fall hinzu, daß sich der ungläubige Partner scheiden lassen will, nachdem der andere Christ geworden ist (1. Korinther 7,12–16).

Indem Jesus dem Mann das Recht entzieht, seiner Frau einen Scheidebrief auszustellen, fördert er indirekt die rechtliche Gleichstellung der Frau mit dem Mann.

Zum anderen stellt Jesus neben die eheliche Lebensform die Möglichkeit, ehelos zu bleiben. Nicht jeder hat nämlich die Gabe, das Geheimnis der Ehe zu erfassen (Matthäus 19,11). Wiederum stimmt Paulus ganz mit Jesus überein. Er präzisiert die Lehre Jesu in 1. Korinther 7 dahingehend, daß Ehelosigkeit (und Ehe) Gnadengaben Gottes (Charismen) sind. Der Stand der Ehe und der Ehelosigkeit darf also nicht in moralischem Sinne bewertet werden. Dem entspricht, daß er in Epheser 5,32 die Ehe ein Geheimnis (mysterion) nennt. Damit gehen Jesus und Paulus über die Ordnungen vor dem Sündenfall hinaus. Die Möglichkeit der Ehelosigkeit stellt eine Überbietung der schöpfungsmäßigen Gegebenheiten dar.

Jesus gibt drei Gründe für Ehelosigkeit an:

– Ein Mensch ist von Geburt an zur Ehe unfähig: etwa durch ein körperliches Gebrechen.

– Ein Mensch ist von anderen zur Ehe unfähig gemacht worden: etwa durch einen körperlichen Eingriff, man denke nur an das orientalische Eunuchen-Unwesen. Hierher gehören m. E. auch durch falsche Erziehung und Sozialisierung verursachte psychische Defekte und Reifungsausfälle.

– Ein Mensch hat sich aufgrund einer Berufung zu einem bestimmten Einsatz für das Reich Gottes zur Ehelosigkeit entschlossen. Im frühen Christentum hat vor allem Paulus diese Form der Lebensgestaltung besonders geschätzt, wie aus 1. Korinther 7,7 hervorgeht: „Ich wollte zwar lieber, alle Menschen wären, wie ich bin, aber jeder hat seine eigene Gabe von Gott, der eine so, der andere so" (vgl. auch V. 32f).

Es würde hier zu weit führen, 1. Korinther 7, das große Ehekapitel des Paulus, näher auszulegen; auch können wir an dieser Stelle nicht darüber nachdenken, in welchem Verhältnis seine Aussage, daß die Ehelosigkeit ein Charisma ist, zu den von Jesus angeführten Gründen zur Ehelosigkeit steht. Soviel läßt sich allerdings zusammenfassend sagen: Der Apostel entwickelt seine Gedanken auf der Grundlage der Ehelehre und Lebenspraxis Jesu und beschreibt Ehe und Ehelosigkeit vor dem Horizont des anbrechenden Reiches Gottes. Darum empfiehlt er seinen Gemeinden die Ehelosigkeit: Die Sorge um die Sache des Herrn, die „neue Sorge" (Werner Jentsch), soll im Vordergrund der Lebensgestaltung stehen. Gleichzeitig schränkt er die Empfehlung der Ehelosigkeit – manchmal hat man den Eindruck etwas unwillig – durch die Berücksichtigung der menschlichen Natur nach dem Fall ein: „Es ist gut für den Mann, keine Frau zu berühren. Aber um Unzucht zu vermeiden, soll jeder seine eigene Frau haben und jede Frau ihren eigenen Mann" (1. Korinther 7,1f). Er berücksichtigt daneben aber auch, daß die Ehe durch das Erlösungshandeln Jesu erneuert wurde: „Jeder hat seine eigene Gabe von Gott, der eine so, der andere so" (1. Korinther 7,7). Ziel der persönlichen Lebensgestaltung jeder einzelnen Frau und jedes einzelnen Mannes muß es sein, in die ihm von Gott eröffnete Berufung hineinzuwachsen: „Nur soll jeder so leben, wie der Herr es ihm zugemessen, wie Gott einen jeden berufen hat" (1. Korinther 7,17).

Jesus und Paulus fahren – wie die ganze Urchristenheit – zweigleisig: Neben der Ehe steht als gleichberechtigte Möglichkeit der Lebensgestaltung das Ledigsein von Mann und Frau. Die bereits zitierten familienkritischen Aussprüche Jesu machen zudem sichtbar, daß die Zugehörigkeit zu Jesus die Zugehörigkeit zum Ehepartner und zur Familie relativiert. Nicht ihnen, sondern dem Auferstandenen gehört die letzte Loyalität eines Christen. Jesus hat von einem Teil seiner Jünger und Jüngerinnen verlangt, um der konkreten Evangelisationsaufgabe an Israel willen ihre Ehepartner und ihre Familien zumindest zeitweise zu verlassen (Lukas 8,1–3). Man kann sich die Anstößigkeit dieser Forderung Jesu angesichts festgefügter orientalischer Großfamilienstrukturen gar nicht groß genug vorstellen. Sicher ist aus diesem Grund auch der Bericht von Jesu Auseinandersetzung mit den Ansprüchen seiner Familie an ihn in allen synoptischen Evangelien überliefert („Jesu wahre Verwandte": Matthäus 12,46–50; Markus 3,31–35; Lukas 8,19–21). „Wer den Willen tut meines Vaters im Himmel, der ist mir Bruder und Schwester und Mutter." Man kann also durchaus von einer deutlichen Emanzipation von traditionellen Lebensformen bei den Jesusnachfolgern sprechen.

Der Glaube an Jesus scheint seinen Nachfolgern und Nachfolgerinnen eine Vielfalt von neuen Formen gemeinsamen Lebens eröffnet zu haben.[1] Neben dem Zwölferkreis gab es weitere Männer und Frauen, die mit Jesus durch Israel zogen, ihre Familien verlassen hatten und mit ihm eine Lebens-, Arbeits- und Glaubensgemeinschaft bildeten. Von Anfang an lassen sich aber auch sog. ortsfeste Anhänger Jesu ausmachen: z. B. der Betanienkreis, zu dem Lazarus, Maria und Marta gehörten (vgl. Johannes 11f und die Berichte bei den Synoptikern). Sie glaubten an Jesus als den Messias, blieben aber an ihrem Wohnort, in ihrer Familie und arbeiteten weiter in ihrem Beruf. Die Jerusalemer Urgemeinde hatte später kommunitäre Strukturen, wie aus Berichten in den ersten Kapiteln der Apostelgeschichte hervorgeht.

Schließlich ist noch auf Galater 3,28 einzugehen: „Hier ist nicht Jude noch Grieche, hier ist nicht Sklave noch Freier, hier ist nicht Mann noch Frau; denn ihr seid allesamt einer in Christus." Beim Bedenken dieser Botschaft versteht man, „daß auch die berühmte Erklärung der Menschenrechte nur ein Neusingen dieser urchristlichen Melodie war. Die Melodie ist das Konzept der freien Person, unabhängig von Geschäft, Bildung, Rang und Würden, Volk und Rasse, Können, Nichtkönnen. Dies hat das Christentum vom Start weg über die spätantiken Religionen hinauskatapultiert, hat es als Sprengsatz in die Geschichte eingebaut. Als Sprengsatz der vielerlei religiösen Vorbehalte, wer zu welchem Gott hinzutreten dürfe, wer überhaupt kultfähig, wer letztlich ein Mensch sei."[2]

Jesus hat in seiner Ehelehre die Scheidung als durch den Sündenfall hervorgerufene menschliche Einrichtung bezeichnet und durch den Rückgriff hinter den Sündenfall auf die ursprüngliche Schöpfungswirklichkeit die Ehe als lebenslängliche Gemeinschaft wiederbegründet. Paulus tut etwas Ähnliches, wenn er hier die Möglichkeit eröffnet, die Beziehung zwischen Mann und Frau im Horizont des Reiches Gottes neu zu ordnen. So relativiert er die durch den Sündenfall verursachte Unterordnung der Frau unter den Mann. Damit ist die christliche Gemeinde aufgefordert, dieses Gleich- und Einssein der Geschlechter in Christus auch in ihrem Alltag zu verwirklichen. Einem solchen Versuch darf man genausowenig die Berechtigung absprechen, wie Jesus das Recht, die schöpfungsgemäße lebenslange Ehe zu fordern.

Paulus knüpft in Galater 3,28 an das Verhalten Jesu und frühe Erfahrungen der urchristlichen Gemeinde an. Jesus selbst betrachtete die Frau als religionsmündig: Er lehrt Maria (Lukas 10,38–42). Frauen sind die ersten Zeugen der Auferstehung (Markus 16,1–8). Frauen werden wie Männer an Pfingsten vom Heiligen Geist erfüllt (Apostelgeschichte 2,1ff).

Aber nicht nur Jesus und Paulus, sondern auch Petrus geht von der religiösen Gleichberechtigung der Frau aus. Petrus bezeichnet im 1. Petrusbrief (2,9) die gesamte Gemeinde, also Frauen und Männer, als königliche Priesterschaft. Der neutestamentliche Priesterbegriff ist zunächst geistlich zu verstehen. Man darf ihn nicht vorschnell mit dem modernen Pfarramt gleichsetzen. Wenn nun aber Petrus davon ausgeht, daß Männer und Frauen gleichermaßen Priester und Priesterinnen vor Gott sind, was hindert eigentlich daran, diesen Gedanken im praktisch-institutionellen Bereich konsequent umzusetzen?

Feministinnen haben sich in der jüngsten Vergangenheit darum bemüht, den Nachweis zu führen, daß die Frau in nichtchristlichen Kulturen eine wichtigere Rolle gespielt haben soll als im Verlauf der Geschichte des Christentums. Dabei wird jedoch außer Acht gelassen, daß in den vom Matriarchat geprägten Gesellschaften die Frau nicht als Person geachtet wird, sondern nur ein Teil von ihr, meist ihre Fruchtbarkeit. Ganz anders bereits im alttestamentlichen Glauben, wo Fruchtbarkeitsriten und jede Art von Tempel-Prostitution heftig kritisiert werden. Statt dessen gibt es Prophetinnen und Richterinnen.

Ein Indiz für die Richtigkeit dieser Aussagen ist folgende Beobachtung: Um das Jahr 0 bekehrten sich Zehntausende Frauen aus der hellenistischen Welt zum Judentum. Dort suchten sie Würde und Freiheit.[3]

Die Frau hat im Verlauf der abendländischen Geschichte eine sehr unterschiedliche Rolle gespielt. Einen linearen geschichtlichen Fortschritt hat es auch im Hinblick auf die Emanzipation der Frau nicht gegeben. Das Erreichen einer neuen Entwicklungsstufe war durchaus mit Verlusten in anderen Bereichen verbunden. Auf dem Weg in die Neuzeit gingen weibliche Freiräume verloren, die das Mittelalter kannte.[4]

Feministisches Unvermögen, die Geschichte des Christentums vorurteilslos zu betrachten, und gemeindliches Unvermögen, von liebgewordenen überholten Strukturen Abschied zu nehmen, hat eine entscheidende Wahrheit außer Blick geraten lassen: „Nur im jüdisch-christlichen Kulturraum vollzog sich die Menschwerdung der Frau."[5]

Sind vom Neuen Testament her die Eckpfosten für eine Gleichstellung von Frau und Mann in gemeindlicher, gesellschaftlicher und rechtlicher Hinsicht gesetzt, ist damit das Ziel vorgegeben, auf das hin das Miteinander von Männern und Frauen in der Gemeinde konkret zu gestalten ist. Wie die Konkretion angesichts wechselnder gesellschaftlicher Rahmenbedingungen auszusehen hat, bleibt eine zu allen Zeiten neu zu entscheidende Frage. Auch die konkreten Anweisungen des Paulus zu Aufgabe und Stellung der Frau in den neutestamentlichen Gemeinden waren Antworten auf Herausforderungen seiner Zeit. Ungelöst bleibt für mich das Problem der scheinbaren Widersprüchlichkeit zwischen schöpfungstheologischer bzw. christologischer Argumentation von Paulus etwa in 1. Korinther 11,1ff und seinen Aussagen in Galater 3,28.

Herausforderungen an die christliche Gemeinde heute

Die christliche Gemeinde sollte das Potential an Dynamik, das die biblischen Texte aus der Zeit der ersten Christenheit enthalten, neu entdecken. Hier ist noch „glutflüssige Lava" sichtbar – im Gegensatz zu oft verfestigtem, erkaltetem Lavagestein, wie sich Christsein heute häufig darbietet.

Dringend geboten erscheint mir die Anerkennung der Tatsache, daß neben der bürgerlichen Kleinfamilie mit ihrem klassischen Rollenverhalten von Mann und Frau auch andere Lebensformen wie Wohngemeinschaften, Großfamilien und Kommunitäten mit einem anderen Rollenverhalten von den neutestamentlichen Texten her möglich sind.

Ein erster Schritt in die richtige Richtung wäre meines Erachtens, wenn Gemeindeleitungen Männer und Frauen dazu ermutigten, die ihnen gemäße Lebensgestaltung zu finden. Wir sollten uns von der Vorstellung verabschieden, daß es nur eine spezifische Männer- bzw. Frauenrolle gibt und dem Gedanken Raum geben, daß verschiedene Lebenskonzepte gleichberechtigt nebeneinander bestehen können.

Bereits im Neuen Testament gibt es weder „die" Männer- noch „die" Frauenrolle. Neben einem dominierenden Petrus steht ein Joseph, der ganz im Schatten seiner Frau Maria bleibt. Neben Frauen wie Maria Magdalena und Priscilla, die eine bedeutende Rolle in der frühen christlichen Gemeinde gespielt haben, steht die Frau des Petrus, die ganz im Hintergrund wirkt.

Entsprechend dürfen auch wir heute die Chance einer pluralen Gesellschaft wahrnehmen, um eine Fülle von Möglichkeiten zur Gestaltung des Lebens von Männern und Frauen ins Auge zu fassen. Gerade in den christlichen Gemeinden müßte Raum zum Experimentieren sein. Warum sollten junge Paare das Job-sharing nicht einmal ausprobieren und nach einer Probezeit nüchtern Bilanz ziehen, ob diese Form der Berufsgestaltung für sie paßt?

Mir schwebt vor, das traditionelle Familienmodell in Richtung auf eine geöffnete Familie zu verändern, wie es Friederike Klenk mit ihrer Familie im Rahmen der Großfamilie der Offensive Junger Christen (OJC) erprobt und beschrieben hat:[6] Eine Familie, in der es ein verbindliches, lebendiges und frohes Miteinander von Mann und Frau gibt, wo auch Raum ist für Kinder, ohne daß sich alles um sie dreht, und für Gäste. Ein Raum, in dem jeder seinen Platz findet und sich in einer Atmosphäre von herzlicher Liebe, Humor und Gelassenheit Leben entfalten kann. Im Sich-Öffnen und Teilen – auch des Familien-Alltags – liegt ein Segen verborgen. Alles, was wir hergeben, erhalten wir auf die verschiedenste Weise wieder. Wo wir auf Gott und seine Pläne hören, werden uns Menschen wichtiger als Dinge. Unsere

Wohnungen werden dann nicht mehr so makellos glänzen, aber sie werden Räume der Begegnung, der Freundschaft und der Gemeinschaft – für uns, unsere Kinder, unsere Freunde und Fremde.

Dabei müssen wir gar nicht besondere Kraftanstrengungen vollbringen, sondern einfach mit anderen teilen, was wir haben. Das gemeinsame Lachen und Spielen ist hier ebenso wichtig wie das Erzählen und Teilen von Schwierigkeiten. Das alles schließt zusammen. Ebenso können beim Singen, Musizieren und Basteln Gemüt und Phantasie entfaltet werden. Das schafft ein Gefühl der Zugehörigkeit und Geborgenheit und läßt Vertrauen wachsen.

Zwei Beispiele mögen meine Vision von einer geöffneten Familie weiter illustrieren. Vor wenigen Tagen erzählte mir ein führender Mann des württembergischen Pietismus, daß in seiner Familie seit zwanzig Jahren jeweils zwei ausländische Studenten mitleben würden und daß sie alle durch diese Familienmitglieder auf Zeit sehr bereichert worden seien. Natürlich ist eine solche Öffnung der Familie nur möglich, wenn man gelernt hat, die eigene Familie nicht als höchstes Lebensglück zu betrachten, sondern sie im Horizont des Reiches Gottes zu sehen.

Ich habe über acht Jahre in einer christlichen Lebensgemeinschaft gelebt und gearbeitet. Die Kommunität der Offensive Junger Christen in Reichelsheim ist erwachsen aus einer geöffneten Familie. Horst-Klaus und Irmela Hofmann haben vor über 25 Jahren begonnen, junge Studenten und Studentinnen für jeweils ein Jahr in ihre Kleinfamilie mit fünf Kindern aufzunehmen. Aus diesem Experiment erwuchs eine Gemeinschaft mit ungefähr 120 Mitgliedern, die in verschiedenen Zentren zusammen lebt, arbeitet und betet.

Kürzlich hatte ich zwei ehemalige „Jahresmannschaftler" zu trauen. „Jahresmannschaftler" sind junge Erwachsene zwischen 18 und 28 Jahren, die für ein Jahr in der OJC-Gemeinschaft mitleben. Beide konnten ihre Vorbehalte gegenüber Ehe und Familie mit Hilfe verschiedener Großfamilienehepaare überwinden. Ermutigt wurden sie vor allem durch den Einblick in die Streitkultur eines Ehepaars. Sie sagten sich: „Wenn die beiden beieinander geblieben sind, dann können wir es auch miteinander wagen."

Solche geöffneten Familien gibt es glücklicherweise nicht nur in Kommunitäten. Durch die Teilnahme am Familienalltag können junge Erwachsene Mut zur Ehe gewinnen. Viele Jugendliche sind beziehungsunwillig oder gar beziehungsunfähig. Voraussetzung zur Beziehungsfähigkeit ist oft ein Nachreifen der Persönlichkeit durch Aufarbeitung der unbewältigten Verletzungen aus Kindheit und Jugend. An vielen Küchentischen ist in geöffneten Familien schon eine entsprechende Seelsorge im Alltag geschehen.

Die gesellschaftliche Gleichberechtigung der Frauen in den westeuropäischen und den nordamerikanischen Gesellschaften hat den Weg freigemacht, den Platz der Frau auch in der Gemeinde neu zu gestalten. Dazu gehört, daß Frauen in Gemeinden mehr Verantwortung übernehmen können. Sie sollten endlich nach ihren Fähigkeiten eingesetzt werden. Ihre Mitgliedschaft in Leitungsgremien ist längst überfällig. Der ältere Pietismus Herrnhuter Prägung hat hier vorbildliche Schneisen geschlagen.

Im gesellschaftlichen Kontext sollte entsprechend eine Fülle von Möglichkeiten der Lebensgestaltung von Frauen ins Auge gefaßt werden. Bis in die jüngste Vergangenheit bestand – nicht zuletzt in christlichen Gemeinden – für Frauen ein gewisser Druck, nur für die Familie dazusein. Durch die feministische Bewegung ist ein vergleichbarer gesellschaftlicher Druck in entgegengesetzter Richtung entstanden. Er macht es Frauen beinahe unmöglich, in der Familie und im Haus ihre Lebenserfüllung zu finden. Vielleicht sollte gerade die christliche Gemeinde der Ort sein, wo für Frauen ein Freiraum für Experimente besteht. Je nach Berufung, Kraft und Familiensituation sind dabei ganz verschiedene Lebenskonzepte denkbar:
– Ein mehr auf Ehe und Familie orientierter Lebensstil.
– Eine mehr auf die eigene Berufsarbeit konzentrierte Lebensauffassung.
– Ein Lebensstil, der mehr öffentliche Verantwortung in Gemeinde und/oder Gesellschaft wahrnimmt.
Gesellschaftliche Voraussetzungen müßten in dieser Richtung verstärkt geschaffen werden: Dazu gehört z. B. ein Mehr an Möglichkeiten zur Teilzeitbeschäftigung.

Insgesamt läge das Ziel für die Frauen darin, die eigene Persönlichkeit neu zu entdecken und den Mut zu den ihr entsprechenden Wegen zu finden. Noch schlummernde Möglichkeiten zu entfalten und eine neue Existenz als Frau zu leben, könnte frischen Wind in erstarrte gemeindliche und gesellschaftliche Strukturen bringen.[7] Die Gemeinde Jesu Christi ist auf ihrem Weg durch die Zeit darauf angewiesen, daß sie das Evangelium so verkündet und lebt, daß die nächste Generation davon entzündet wird. Die fortschreitende Säkularisierung der alten christlich geprägten Gesellschaften stellt hierbei die derzeit größte Herausforderung dar. Nur eine neue Gemeinschaft von Frauen und Männern, in der beide sich ihrer selbst – einschließlich ihrer Aufgaben – bewußt sind, wird diese Herausforderung erfolgreich bestehen können.

Es geht weiter um eine Wiederentdeckung der zölibatären Lebensform für Männer und Frauen im Raum des Protestantismus. Die Widerstände dagegen sind groß, auch wenn das Neue Testament im Hinblick auf Ehe und Ehelosigkeit „zweigleisig" fährt. Der sogenannte gesunde Menschenverstand betrachtet einen Menschen, der ohne genitale Sexualität auskommt, als ein Schrumpfwesen. Idealbild unserer Gesellschaft ist das junge, leistungsstarke, genußfähige und erfolgreiche Paar. Angesichts dieses Ideals mutet es exotisch an, wenn man erfährt, daß im Mittelalter etwa in Heidelberg auf den heutigen größeren Plätzen im Zentrum der Stadt Klöster standen. In Konstantinopel gar gab es bei einer Million Einwohnern wahrscheinlich etwa hunderttausend Mönche und Nonnen. Diese Beobachtungen verlieren nichts von ihrer Bedeutung durch die Tatsache, daß neben religiösen Gründen auch soziologische Ursachen zu den Masseneintritten in die Klöster beigetragen haben.

Neben den gesellschaftlichen Vorurteilen gegenüber einem zölibatären Lebensstil hat für einen evangelischen Christen die mittelalterliche Praxis abschreckende Wirkung entwickelt. Martin Luther hat durch seinen Austritt aus dem Kloster und seine spätere Heirat in den evangelischen Kirchen zwar die Familie als Hauskirche und Zentrum der Frömmigkeitspraxis geschaffen (Rosenstock-Huessy), jedoch die Auflösung der Orden mitverursacht. Dazu gab es gute Gründe: Das Klosterwesen zur Reformationszeit war weithin verweltlicht und hatte dringend eine Erneuerung nötig. Statt einer Erneuerung kam es im Bereich der evangelischen Kirchen bedauerlicherweise zur Auflösung der Orden.

Im Gegensatz zum Protestantismus ist in Teilen der alten Konfessionen – Orthodoxie und Katholizismus – bis zum heutigen Tag eine Überschätzung des zölibatären Lebensstils zu beobachten. Aber der Mißbrauch einer Sache ist noch kein Argument gegen ihren rechten Gebrauch.

Es wurde darum höchste Zeit, daß im 19. Jahrhundert mit dem Diakonissenamt und in diesem Jahrhundert mit der Entstehung der ersten evangelischen Kommunitäten die urchristliche Möglichkeit der zölibatären Lebensgestaltung vom Protestantismus wiederentdeckt wurde. Jeder freiwillig zölibatär lebende Christ setzt ein Signal, daß sich letzte Glückserfüllung nicht im irdischen Leben finden läßt. Soziologisch gesprochen hält er das unbürgerlich-urchristliche Moment in einer christlich geprägten Gesellschaft hoch. Konsequenterweise kamen die wichtigsten Impulse zur Erneuerung innerhalb der alten Konfessionen aus der Mönchsbewegung.

Vielleicht sollte man im Protestantismus heute stärker darüber nachdenken, ob es nicht die Möglichkeit einer Verpflichtung zu einem zölibatären Lebensstil auf Zeit im Zusammenhang mit einem bestimmten Dienst in der Gemeinde geben sollte. Dadurch würde ein Gegenpol zur Überbetonung der Sexualität in unserer Gesellschaft aufgerichtet werden.

Ziel ist eine neue Gemeinschaft von Verheirateten und Singles in den Gemeinden mit einer Anerkennung der Gleichwertigkeit der verschiedenen Lebensstile.

Christliche Gemeinden sollen – wie in der Urgemeinde – neu zu Experimentalgemeinschaften werden – auch im Hinblick auf die Gestaltung des Zusammenlebens von Männern und Frauen in Ehe, Familie, Wohngemeinschaft, Großfamilie, Kommunität und Gemeinde. Gleichzeitig haben sie die Aufgabe, einer zunehmenden Zahl von beziehungsgeschädigten, beziehungsunwilligen und beziehungsunfähigen Menschen beizustehen, die in Lebensabschnittpartnerschaften, in Ehen ohne Trauschein und promiskuitivem sexuellem Verhalten steckengeblieben sind.

Notwendig ist deshalb eine Ermutigung zur Ehe. Es ist erstaunlich und sicherlich für nicht wenige Christen beschämend, in diesem Zusammenhang das Ehe-Plädoyer des marxistischen Philosophen Ernst Bloch zu lesen. Er meinte, daß sie den „Landabenteuern der Liebe" weit überlegen ist. Mit der Ehe ist es wie mit allen anderen Dingen im Leben: Je größer der Einsatz, desto größer ist auch der

Gewinn. „Die Ehe eröffnet und besteht die Feuerprobe der Wahrheit im Leben der Gatten, der standhaften Befreundung des Geschlechts im Leben des Alltags. Gast im Haus, ruhende Einheit bei feiner, brennender Andersheit ... So tausendmal besser Liebesleid ist als unglückliche Ehe, an der überhaupt nur noch Leid ist und fruchtloses, so zerstreut sind die Landabenteuer der Liebe gegen die große Schiffahrt, die Ehe sein kann, und die mit dem Alter nicht aufhört, nicht einmal mit dem einseitigen Tod."[8]

Unerläßlich bleiben auch in der christlichen Gemeinde Vorbilder: Ehepaare, die der jungen Generation offen Einblicke in ihre Ehe, in ihr Denken und Verhalten gewähren.

Anmerkungen

Vorwort

[1] Vgl. Eugen Rosenstock-Huessy, Luthers Volkstum und die Volksbildung, in: ders., Joseph Wittig, Das Alter der Kirche. Kapitel und Akten, Bd. 2, Berlin 1928, 680ff.

Erdmuthe Dorothea von Zinzendorf

[1] Hans-Christoph Hahn u. a. (Hrsg.), Zinzendorf und die Herrnhuter Brüder, Hamburg 1977, 292.
[2] Vgl. Hanns-Joachim Wollstadt, Geordnetes Dienen in der christlichen Gemeinde, Göttingen 1966, 213, in: Arbeiten zur Pastoraltheologie, Bd. 4, hrsg. von Martin Fischer und Robert Frick.
[3] Vgl. Beyreuther, Zinzendorf und die sich allhier beisammen finden, Marburg 1959, 243 (wieder abgedruckt in: ders., Die große Zinzendorf-Trilogie, Marburg 1988).
[4] Vgl. Günter Krüger, Lebensformen christlicher Gemeinschaften. Eine pädagogische Analyse, Heidelberg 1969, 38ff.
[5] Zinzendorf und die sich allhier beisammen finden, 66ff.
[6] Zit. nach: Erich Beyreuther, Zinzendorf und die Christenheit, Marburg 1961, 106 (wieder abgedruckt in: ders., Die große Zinzendorf-Trilogie).
[7] A. a. O.
[8] A. a. O.
[9] Vgl. Wilhelm Jannasch, Erdmuthe Dorothea Gräfin von Zinzendorf, geborene Gräfin Reuss zu Plauen. Ihr Leben als Beitrag zur Geschichte des Pietismus und der Brüdergemeine dargestellt, in: Zeitschrift für Brüdergeschichte, 8. Jg. (1914), 201.
[10] A. a. O., 115.
[11] Erich Beyreuther, Nikolaus Ludwig von Zinzendorf in Selbstzeugnissen und Bilddokumenten, Stuttgart 1975, 72.
[12] Zit. nach Hahn, 32.
[13] A. a. O., 32f.
[14] Jannasch, 303.
[15] Vgl. hier und im folgenden Hanns-Joachim Wollstadt, Geordnetes Dienen in der christlichen Gemeinde, Göttingen 1966, 209ff, in: Arbeiten zur Pastoraltheologie, Bd 4, hrsg. von Martin Fischer und Robert Frick.
[16] A. a. O., 211ff.
[17] Otto Uttendörfer, Zinzendorf und die Frauen. Kirchliche Frauenrechte vor 200 Jahren, Herrnhut 1919, 29.
[18] Belege bei Uttendörfer, Frauen, 58f.
[19] Hahn, 292.
[20] Nikolaus Ludwig von Zinzendorf, Gemeinreden, 1. Teil, 1748, 88f.
[21] A. a. O., 135.
[22] 14. 11. 1745, wiedergegeben bei Uttendörfer, Frauen, 42f.

[23] Vgl. im einzelnen Peter Zimmerling, Gott in Gemeinschaft. Zinzendorfs Trinitätslehre,
Gießen/Basel 1991.

[24] Paul Schütz, Evangelium. Sprache und Wirklichkeit der Bibel
in der Gegenwart, Bd. 1 der
Gesammelten Werke, hrsg. von
Hans F. Bürki, Moers 1984, 375.

[25] A. a. O., 376.

Barbara Juliane von Krüdener

[1] New York 1939, 2. Auflage 1942.

[2] Erich Beyreuther, Die
Erweckungsbewegung, 2. Auflage, Göttingen 1977, in: Die Kirche in ihrer Geschichte, Bd. 4,
Lieferung R, R 25.

[3] Vgl. Anni Wienbruch, Im Schatten der Zaren, Lahr-Dinglingen
1972, dort auch weitere Litera-
turangaben.

[4] Einen kleinen Einblick in die
weite Wirksamkeit Jung-Stillings
gibt sein Briefwechsel „Wenn die
Seele geadelt ist. Aus dem Briefwechsel Jung-Stillings",
Gießen/Basel 1967.

[5] Allgemeine Deutsche Biographie, 1883, 207.

[6] Vgl. Beyreuther, R 26.

[7] Allgemeine Deutsche Biographie, 212.

[8] Der Einsiedler. Ein Fragment,
Leipzig 1818, 44.

[9] Vgl. Frau von Krüdener in der
Schweiz. Aus dem Tagebuche
Joh. Georg Müller's. Zur
Geschichte der religiösen Bewe-
gungen nach den Befreiungs-
kriegen, in: Protestantische

Monatsblätter für innere Zeitgeschichte, Bd 22, 1863, 215.

[10] Der Einsiedler, 40f.

[11] A. a. O., 43.

[12] A. a. O., 42.

[13] Allgemeine Deutsche Biographie, 201.

[14] A. a. O., 204.

[15] Der Einsiedler, 19.

[16] Knapton, 126.

[17] Monatsblätter, 208.

[18] A. a. O., 198.

[19] A. a. O., 206.

[20] A. a. O., 209.

[21] A. a. O., 212.

[22] Der Einsiedler, 24.

[23] Allgemeine Deutsche Biographie, 208f.

[24] Der Einsiedler, 25.

[25] Monatsblätter, 209.

[26] A. a. O.

[27] A. a. O., 197f.

[28] Allgemeine Deutsche Biographie, 204.

[29] A. a. O., 206.

[30] Knapton, 139.

[31] Vgl. dazu im einzelnen: Ernst
Benz, Die abendländische Sen-
dung der östlich-orthodoxen
Kirche. Die russische Kirche
und das abendländische
Christentum im Zeitalter
der Heiligen Allianz,
Mainz 1950.

[32] Der Einsiedler, 21f.

[33] Allgemeine Deutsche Biographie, 208.

[34] Monatsblätter, 208.

[35] Allgemeine Deutsche Biographie, 206.

[36] A. a. O., 203.

[37] Der Einsiedler, 22.

[38] A. a. O., 19.

[39] Allgemeine Deutsche Biographie, 205.

[40] Knapton, 154.

[41] Der Einsiedler, 22f.

[42] Vgl. auch Protestantische Monatsblätter, 213f.

[43] Allgemeine Deutsche Biographie, 208.

[44] A. a. O.

[45] Wilhelm Baur, in: Allgemeine Deutsche Biographie, 207.

[46] Monatsblätter, 197.

[47] Der Einsiedler, 20.

[48] A. a. O., 21.

Anna Schlatter

[1] Ich zitiere im folgenden aus folgenden Büchern: F. M. Zahn, Anna Schlatters Leben und Nachlaß, Band 1: Leben und Briefe an ihre Kinder, Elberfeld ohne Jahr (Leben); F. M. Zahn, Anna Schlatters Leben und Nachlaß, Band 2: Briefe an ihre Freunde, Elberfeld o. J. (Freunde); Frauenbriefe, hrsg. von Adolf Zahn, Halle 1875 (Frauenbriefe); Johannes Ninck, Anna Schlatter und ihre Kinder, Leipzig und Hamburg 1934 (Anna Schlatter); Maria Heinsius, Anna Schlatter. Eine Mutter nach Gottes Herzen, Bad Salzuflen [1951], Arbeit und Stille im Leben der Frau, Heft 15 (Heinsius).

[2] Anna Schlatter, 83f.

[3] A. a. O., 92.

[4] Heinsius, 11.

[5] Freunde, 12.

[6] Frauenbriefe, 178.

[7] Leben, 150.

[8] A. a. O., 194f.

[9] A. a. O., 194.

[10] Freunde, 14 u. ö.

[11] A. a. O., 438.

[12] A. a. O.

[13] Leben, 132.

[14] Freunde, 5.

[15] A. a. O., 35.

[16] Leben, 132.

[17] A. a. O., 144f.

[18] A. a. O., 108.

[19] Freunde, 12.

[20] A. a. O., 41.

[21] A. a. O., 43.

[22] A. a. O., 38.

[23] Leben, 151.

[24] A. a. O., 203.

[25] Freunde, 39 u. ö.

[26] Vgl. a. a. O.

[27] Leben, 104.

[28] Freunde, 43.

[29] Leben, 116.

[30] A. a. O.

[31] Freunde, 13.

[32] A. a. O., 39.

[33] Leben, 171.

[34] A. a. O., 172.

[35] Freunde, 36.

[36] Leben, 124.

[37] Freunde, 42f.

[38] A. a. O., 36.

[39] Vgl. im einzelnen den Brief an ihre Tochter Anna vom 15. 12. 1822, in: Leben, 126ff.

[40] Freunde, 37.

[41] Leben, 126; Freunde, 37.

[42] A. a. O.

[43] A. a. O., 41.

[44] Heinsius, 5f.

[45] A. a. O., 6.
[46] A. a. O., 9.
[47] Leben, 106.
[48] A. a. O., 146.
[49] A. a. O., 149.
[50] Heinsius, 3.
[51] Freunde, 38.
[52] Heinsius, 5.
[53] Frauenbriefe, 186.
[54] A. a. O.
[55] Freunde, 17.
[56] A. a. O., 17f.
[57] A. a. O., 19.
[58] A. a. O., 23.
[59] Frauenbriefe, 188.
[60] Der Brief insgesamt in: a. a. O., 183ff.
[61] A. a. O., 191.
[62] A. a. O., 195.
[63] Leben, 161.
[64] Freunde, 39.
[65] A. a. O., 40.
[66] Heinsius, 10; vgl. auch 7.
[67] Freunde, 5.
[68] Heinsius, 9.
[69] Anna Schlatter, 91.
[70] Vgl. bes. den Briefwechsel zwischen Anna Schlatter und dem Domscholasticus Waldhäuser (Freunde, 395–434).
[71] A. a. O., 40.
[72] Anna Schlatter, 93.
[73] Heinsius, 11.
[74] Freunde, 408.
[75] Frauenbriefe, 189f.
[76] Freunde, 8.
[77] Leben, 197.
[78] Frauenbriefe, 155ff.
[79] Leben, 134ff u. ö.
[80] Anna Schlatter, 84.
[81] Frauenbriefe, 194.
[82] Freunde, 408.
[83] Frauenbriefe, 154f.
[84] Leben, 115.
[85] A. a. O., 125.
[86] A. a. O., 28.
[87] Leben, 121.
[88] Freunde, 406.
[89] A. a. O., 397.
[90] A. a. O., 396.
[91] A. a. O., 15.
[92] A. a. O., 407.
[93] A. a. O., 407f.
[94] Anna Schlatter, 79ff.
[95] Freunde, 397.
[96] A. a. O., 9.
[97] Heinsius, 2.
[98] A. a. O.
[99] Adolf Schlatter, Rückblick auf meine Lebensarbeit, 2. Auflage, Stuttgart 1977, 24.

Friederike Fliedner

[1] Anna Sticker, „ . . . und doch möchte ich nur meinem Sinn folgen . . .“ Friederike Fliedner. Stifterin der Kaiserswerther Diakonissenanstalt, Offenbach 1986, 22.
[2] A. a. O., 7.
[3] A. a. O., 8.
[4] A. a. O.
[5] A. a. O., 44f.
[6] A. a. O., 24f.
[7] A. a. O., 25.
[8] Anna Sticker, Friederike Fliedner und die Anfänge der Frauendiakonie. Ein Quellenbuch, Neukirchen 1961, 355f.
[9] A. a. O., 338f.
[10] A. a. O., 334.

[11] A. a. O., 333.
[12] A. a. O., 329ff.
[13] A. a. O., 339ff.
[14] „. . . und doch möchte ich nur meinem Sinn folgen . . .", 90.
[15] A. a. O., 147.
[16] Friederike Fliedner und die Anfänge der Frauendiakonie, 374.
[17] A. a. O., 359.
[18] „. . . und doch möchte ich nur meinem Sinn folgen . . .", 147.

Dora Rappard-Gobat

[1] Dora Rappard, Lichte Spuren, Gießen 1914, 224.
[2] A. a. O., 246.
[3] E. Veiel, Mutter. Bilder aus dem Leben von Dora Rappard-Gobat, Gießen 1925, 198.
[4] Friedhelm Rudersdorf, Dora Rappard. Die Mutter von St. Chrischona, Gießen 1963, 48.
[5] A. a. O., 67.
[6] Veiel, 196.
[7] Lichte Spuren, 146.
[8] Vgl. a. a. O., 138f das Zeugnis eines liberianischen Schwarzen: Er erzählte Dora Rappard, daß ihm das Wort des Apostels Paulus aus Apg 17, 26–28 das geistliche Leben gerettet habe: „Gott hat gemacht, daß aus einem Blut alle Menschengeschlechter auf dem ganzen Erdboden wohnen . . . Wir sind göttlichen Geschlechts."
[9] A. a. O., 222.
[10] Rudersdorf, 67.

[11] Vgl. im folgenden Veiel, 198ff.
[12] A. a. O., 201.

Eva von Tiele-Winckler

[1] Walter Thieme, Mutter Eva, Lahr-Dinglingen, o. J., 33.
[2] A. a. O., 43.
[3] A. a. O., 65.
[4] A. a. O., 122.
[5] A. a. O., 125.
[6] A. a. O., 73.
[7] Eva von Tiele-Winckler, Briefe zum Lobe Gottes, Lahr-Dinglingen 1979, 6ff.
[8] Eva von Tiele-Winckler, Kleine Strahlen von der Lebenssonne, Lahr-Dinglingen 1977, 7 u. ö.
[9] Thieme, 69; 155.
[10] A. a. O., 316.
[11] A. a. O., 317.
[12] A. a. O., 77f.
[13] A. a. O., 88.
[14] A. a. O., 117.
[15] A. a. O., 199.
[16] A. a. O., 197.
[17] Nichts unmöglich. Erinnerungen und Erfahrungen von Schwester Eva von Tiele-Winckler, Desden o. J., 15.
[18] Thieme, 285.
[19] A. a. O., 315.
[20] A. a. O., 132.
[21] A. a. O., 145.
[22] A. a. O., 155.
[23] A. a. O., 124.
[24] A. a. O., 193.
[25] A. a. O., 280.
[26] Nichts unmöglich, 13.
[27] Briefe, 9.
[28] Thieme, 331.

[29] Nichts unmöglich, 327ff.
[30] Thieme, 44.

Ruth von Kleist-Retzow

[1] Jane Pejsa, Matriarch of Conspiracy. Ruth von Kleist, 1867–1945, Minneapolis 1992 (Taschenbuchausgabe); das Buch erscheint im Herbst 1996 im Brendow Verlag, Moers auf Deutsch unter dem Titel: „Mit dem Mut einer Frau. Ruth von Kleist-Retzow. Matriarchin im Widerstand".

[2] Vgl. Matriarch, 70.

[3] Vgl. Graf Robert Zedlitz-Trützschler, Zwölf Jahre am deutschen Kaiserhof, Stuttgart 1923.

[4] Bodo Scheurig, Ewald von Kleist-Schmenzin. Ein Konservativer gegen Hitler, 2. Auflage, Berlin/Frankfurt 1994, 40.

[5] Vgl. zu Ewald von Kleist-Schmenzin im einzelnen die schon erwähnte Biographie über ihn von Bodo Scheurig, hier bes. 91.

[6] Die zweite Auflage ist wieder abgedruckt bei Scheurig, 248–257.

[7] Vgl. Fabian von Schlabrendorff, Offiziere gegen Hitler, 1. Taschenbuchausgabe, Berlin 1994, 21.

[8] Ruth von Wedemeyer, In des Teufels Gasthaus. Eine preußische Familie 1918–1945, 3. Auflage, Moers 1995, 10.

[9] Begegnungen mit Dietrich Bonhoeffer. Ein Almanach, hg. von Wolf-Dieter Zimmermann, München 1964, 87ff.

[10] Zit. nach Begegnungen, 90.

[11] A. a. O., 89.

[12] A. a. O., 91.

[13] A. a. O., 89.

[14] A. a. O., 92.

[15] A. a. O.

[16] A. a. O.

[17] Matriarch, 233.

[18] Scheurig, 148ff.

[19] Begegnungen, 93.

[20] Matriarch, 254.

[21] A. a. O., 254f.

[22] A. a. O., 258.

[23] Vgl. Dietrich Bonhoeffer, Ethik, 8. Auflage, München 1975, 238ff.

[24] Matriarch, 267.

[25] Dietrich Bonhoeffer, Widerstand und Ergebung. Neuausgabe, 2. Auflage, München 1977, 195f.

[26] Alexander Stahlberg, Die verdammte Pflicht. Erinnerungen 1932–1945, 5. Auflage, Berlin/Frankfurt 1995, 213.

[27] Begegnungen, 93.

[28] A. a. O., 94.

[29] A. a. O., 94.

[30] Scheurig, 191f.

[31] Begegnungen, 95.

[32] Der Reisebericht Ruth von Wedemeyers ist abgedruckt in: In des Teufels Gasthaus, 173ff.

[33] In des Teufels Gasthaus, 185.

[34] Matriarch, 383.

[35] Vgl. im einzelnen: In des Teufels Gasthaus, 213ff; Rainer Mayer, Brautbriefe aus der Zelle. Maria von Wedemeyer und Dietrich Bonhoeffers Verbindungen zu

den Gutsbesitzer-Familien in Pommern, in: Rainer Mayer u. Peter Zimmerling (Hrsg.), Dietrich Bonhoeffer. Mensch hinter Mauern, 2. Auflage, Gießen 1985, bes. 76ff.

[36] Widerstand und Ergebung, 16.

[37] Vgl. einen Teil ihrer Briefe an ihn in: In des Teufels Gasthaus, 165ff.

[38] A. a. O., 170.

[39] A. a. O.

[40] A. a. O., 165.

[41] A. a. O., 167.

[42] A. a. O., 171.

[43] Eberhard Bethge, Dietrich Bonhoeffer. Eine Biographie, 4. Auflage, München 1978, 503.

[44] Fabian von Schlabrendorff, Offiziere gegen Hitler, Taschenbuchausgabe April 1994, 129.

Mut zum Experiment

[1] Rainer Riesner hat diese in einem kleinen Büchlein vor Jahren einmal dargestellt: „Formen gemeinsamen Lebens im Neuen Testament und heute" (2. Auflage, Gießen 1984).

[2] Hanna-Barbara Gerl, Wider das Geistlose im Zeitgeist. 20 Essays zu Religion und Kultur, 2. Auflage, Münschen 1993, S. 32.

[3] A. a. O., 33.

[4] Vgl. Margarete Zimmermann, in: Régine Pernoud, Christine de Pizan, 4. Auflage, München 1994, 13.

[5] Wider das Geistlose im Zeitgeist, 34.

[6] Vgl. im folgenden Friederike Klenk, Unsere Familien – Baustellen der Hoffnung?, in: OJC-Freundesbrief 90/4, 155–157.

[7] Vgl. Elisabeth Moltmann-Wendel, Freiheit, Gleichheit, Schwesterlichkeit. Zur Emanzipation der Frau (Kaiser Traktate 25), 4. Auflage, München 1984, 68f.

[8] Ernst Bloch, Prinzip Hoffnung, Bd. 3, S. 380.

Starke fromme Frauen

Ursula Koch

Elisabeth von Thüringen
Die Kraft der Liebe
Biographischer Roman

240 Seiten. ABCteam Geschenkband. Fester Einband mit Schutzumschlag
Bestell-Nr. 3-7655-1625-2

Als junge Landgräfin setzt Elisabeth von Thüringen sich für Arme und
Schwache ein. Sie verkauft ihre Kleider und ihren Schmuck, um Not zu
lindern, und ist sich auch selbst nicht zu schade, Kranke zu pflegen.
Ihre Lebenseinstellung paßt so gar nicht zu den Sitten und Gebräuchen am
Hofe und wird von der Fürstenfamilie mit Argwohn beobachtet.
Viele verehren heute noch jene junge Frau, die freiwillig den Weg von der
Höhe des Ruhmes in die Tiefe bitterster Armut ging.

Ursula Koch

Rosen im Schnee
Katharina Luther, geborene von Bora
Eine Frau wagt ihr Leben

200 Seiten. Fester Einband mit Schutzumschlag
Bestell-Nr. 3-7655-1591-4

Als zehnjähriges Mädchen kommt Katharina ins Kloster und wird Nonne.
Mit der Reformation dringen Luthers Gedanken von der „Freiheit eines
Christenmenschen" auch in ihr Kloster. Katharina flieht mit acht Schwe-
stern, gelangt auf abenteuerliche Weise nach Wittenberg. Dort heiratet sie
später den Reformator.
Ihr aufregendes, erstaunlich selbstbewußtes Leben an der Seite Martin
Luthers ist Inhalt dieses spannenden Romans. Ein Buch, das durch seine
Warmherzigkeit ebenso einnimmt wie durch die liebevoll detailgetreue
Schilderung einer Zeit, die lebendig und lebensnah vor dem Leser ersteht.

BRUNNEN VERLAG GIESSEN